Stephanie Möller

Martin Luther

Die Wittenberger Nachtigall

Biografische Erzählung

BRUNNEN
Verlag Giessen · Basel

Dieses Buch ist Ernst Scheibe gewidmet.

www.brunnen-verlag.de
Lektorat: Ralf Tibusek
Umschlagmotiv: akg-images, Berlin
Umschlaggestaltung: Ralf Simon
Satz: DTP Brunnen
Druck: CPI – Ebner & Spiegel, Ulm
ISBN 978-3-7655-4074-5

Inhalt

Nach 500 Jahren

– ein Geleitwort von Peter Zimmerling –

Die evangelischen Kirchen in Deutschland haben die Lutherdekade eröffnet. Zehn Jahre lang soll in unterschiedlichster Weise auf das Leben Martin Luthers und die Reformation hingewiesen werden. 2017 jährt sich zum 500. Mal sein Thesenanschlag an die Tür der Schlosskirche zu Wittenberg. Die reformatorische Bewegung, die von dort ausging, hat das Gesicht der Welt entscheidend verändert und bis zum heutigen Tag in einzigartiger Weise geprägt.

Deshalb erscheint die Biografie, die Sie in Händen halten, genau zur richtigen Zeit. In diesem Buch erleben Sie Martin Luther und andere zentrale Personen in seinem Umfeld – Sie können sich in deren Denken und Handeln, aber auch in ihre Lebenswelt hineinversetzen. Seine wichtigsten Wirkungsstätten sind anschaulich dargestellt. Vielen Menschen wird durch die Lektüre dieses Buches vielleicht zum ersten Mal bewusst, dass die wesentlichen Orte in den neuen Bundesländern liegen. Ich kann mir vorstellen, dass der Roman für manche zum Auslöser wird, sich auf eine Reise auf den Spuren Luthers zu begeben.

Das Buch ist nicht nur spannend zu lesen, es eignet sich auch gut als Einführung in das Lebenswerk des Reformators. Dabei wird schnell deutlich, dass Luther zwar Reisen nach Rom und Augsburg, auch nach Worms zum Reichstag von 1521 unternommen hat, aber Zeit seines Lebens im Raum zwischen Wittenberg, Eisleben, Erfurt und Leipzig beheimatet blieb. Von hier aus hat er seine entscheidende Wirksamkeit entfaltet, deren Ausstrahlung jedoch ganz Europa erfasste und nach seinem Tod auch die anderen Kontinente erreichte. Verantwortlich dafür waren seine theologischen und geistlichen Erkenntnisse.

Mit Martin Luther begann ein neues Kapitel der Weltgeschichte – vor allem aber eine neue Epoche der Kirchengeschichte. Er erkannte, dass Gott als »glühender Backofen voll Liebe« alle Menschen voraussetzungslos liebt, und jeder diese Liebe im Glauben getrost annehmen kann, um von Gott angenommen zu werden. Damit beantwortete der Reformator die Glaubensnöte der Menschen seiner Zeit. Er brachte damit nicht nur das urchristliche Evangelium wieder ans Licht, sondern führte auch eine 1500 Jahre lang ungeklärte Frage zu einer Lösung: Nämlich die Frage nach dem Umgang mit der Sünde im Leben eines Christen. Luther begriff, dass weder die Verschiebung der Taufe auf das Totenbett noch gute Werke, aber genauso wenig die mittelalterliche Beichtauffassung eine befriedigende Antwort darstellen können. Einzig die Zuflucht in Gottes grundlose Barmherzigkeit in Jesus Christus vermag das Problem der Schuld wirklich zu lösen. Der Autorin gelingt es zu erzählen, wie dem Reformator durch eigene Glaubensanfechtungen im Laufe eines längeren Prozesses diese Erkenntnis zugewachsen ist.

Glaube und Denken Martin Luthers sind vielen evangelischen Christen heute fremd geworden. Dazu hat nicht zuletzt seine Glorifizierung im 19. Jahrhundert beigetragen – man denke nur an die vielen damals errichteten

Lutherdenkmäler – und seine Vereinnahmung durch die Nationalsozialisten im 20. Jahrhundert. Dieser Roman hilft, diese Fremdheit zu überwinden und einen neuen Zugang zu Luther als Mensch und im Gefolge davon zu seinem theologischen Denken und seiner Frömmigkeit zu gewinnen.

Leipzig, im Februar 2009
Peter Zimmerling

Wir sind Bettler, das ist gewiss wahr

Eisig pfeift der Wind um die Kutsche. Der Atem der beiden Haflinger dampft in der Kälte dieser letzten Januartage 1546, immer wenn sie ihn schnaubend ausstoßen. Der Kutschverschlag schützt die Männer zwar vor dem Schnee, den Böen stoßartig durch die Luft wirbeln, doch die beißende Kälte kann er nicht abhalten. Seit Stunden fahren sie schon durch diese menschenleere Gegend, Wittenberg liegt eine Tagesreise hinter ihnen. Es dauert nicht mehr lange, bis sie ihr Quartier für diese Nacht erreichen. Martin reibt die Handflächen aneinander, um sie zu wärmen. Paul, Hans und Martin, seine Söhne, kommen mit diesen Wetterverhältnissen besser klar als er.

Katharina hatte ihren Mann schweren Herzens verabschiedet. Sie weiß, welche Anstrengung diese Reise für ihn bringen wird – gerade in dieser Jahreszeit. Martin versucht sie zu trösten: »Leb wohl, meine liebe Käthe. Hab keine Angst. Gott wird mit mir sein und unsere Söhne sind schon alt genug, dass sie mich unterstützen können. Ich bin bald zurück. Und es ist meine letzte Reise, ich verspreche es dir.«

Nicht nur seine Söhne begleiten Martin nach Eisleben, sondern auch sein Freund Justus Jonas. Er wird in Halle zusteigen. Während Paul, Hans und Martin dafür sorgen, dass sich ihr alter Vater nicht überanstrengt, wird ihn Doktor Jonas bei den Verhandlungen der Erbstreitigkeiten der

Grafen Albrecht und Gebhard von Mansfeld als Rechtsbeistand unterstützen. Martin konnte sich dem Ruf Albrechts nicht entziehen und lässt sich auf diese Friedensmission ein. Sein Verhandlungsgeschick, aber auch seine Geduld zeichnen ihn für diese Aufgabe aus.

Nur schwer kommen sie in der schneebedeckten Landschaft voran. Die Eisschollen auf der Saale tanzen und schieben sich ineinander. Fast scheitert die Kutsche, die Furt zu durchqueren. Martin ist viel gereist, doch diese Fahrt – so scheint ihm – will und will nicht recht vorangehen. Mehrere Versuche, über den Fluss zu setzen, missglückten ihnen bereits. Erst Stunden später, als sich das Wetter beruhigt hat, können sie ihre Fahrt fortsetzen. Spät, sehr spät erreichen sie ihre Unterkunft für die Nacht.

Früh am nächsten Morgen setzen sie ihre Reise fort, um erneut erst am späten Abend an ihrem Tagesziel in Halle anzukommen. Justus Jonas empfängt sie herzlich mit einer wärmenden Mahlzeit. Am darauf folgenden Tag reist er mit ihnen weiter durch die winterliche, einsame Landschaft.

An der Grenze der Grafschaft Mansfeld nimmt sie eine Hundertschaft Reiter in bunten Uniformen auf prächtig gezäumten Pferden in Empfang – ihr Ehrengeleit. Diese Überraschung reißt Martin zwar aus der Eintönigkeit der Reise heraus. Sie muss kurz darauf jedoch einem bösen Schrecken weichen: »Kutscher halt an, ich will aus diesem engen Gefährt aussteigen und mir meine müden Glieder vertreten. Meine alten Knochen brauchen nach dieser vielen Sitzerei Bewegung«, ruft Martin nach vorn. Schwer atmend stapft er durch den Schnee, der unter der Last seiner Füße schnell nachgibt. Er genießt die frische, aber schneidend kalte Luft, die in seiner Kehle schmerzt, wenn er sie tief einsaugt. Doch erschrocken spürt er, wie sehr ihn die wenigen Schritte bei dieser Witterung anstrengen. Nach wenigen Metern sucht er wieder Schutz und Erholung in der engen, aber doch sicheren Kutsche.

Der Spaziergang bleibt nicht ohne Folgen, denn nur wenige Minuten später rinnen ihm Schweißtropfen übers Gesicht, gleichzeitig zittert er vor Kälte, Schwindelanfälle plagen ihn. Erschöpft sinkt er an die harte Lehne und schließt die Augen, während seine Söhne eine weitere Wolldecke über seinen gewaltigen, mit einem langen schwarzen Mantel umhüllten Körper legen. Seit Tagen nehmen auch die Schmerzen in der Brust zu, unter denen er seit Monaten leidet. Sein Wittenberger Arzt konnte sie bisher mit Tinkturen und Wärme besänftigen, doch jetzt werden sie immer intensiver.

Martin greift mit den Händen an die schmerzende Stelle, angst und bange wird ihm. Sollte er fern seiner Käthe sterben, seiner Lutherin, die ihm seit Jahren geliebte Ehefrau und vertraute Freundin zugleich ist? Vielleicht sogar in dieser nahezu menschenleeren Gegend, so kurz vor ihrem Ziel? Hat Gott etwa vorherbestimmt, dass sich der Kreis seines Lebens in Eisleben, seinem Geburtsort, schließen wird?

Wie in Trance schweifen seine Gedanken ab. Verschwommene Bilder entstehen vor seinem inneren Auge. Das Bürgerhaus in der langen Gasse. Hier wurde er geboren. Seine frisch vermählten Eltern, Hans und Margarethe, hatten es wenige Wochen vor seiner Geburt bezogen. Nur einen Steinwurf entfernt, auf der anderen Seite des kleinen Baches, über den eine schmale Brücke führt, ragt die Kirche

Peter und Paul stolz empor. In diese spätgotische Hallenkirche brachte ihn sein Vater am Morgen nach der Geburt und ließ ihn auf den Namen des Tagesheiligen taufen, den französischen Bischof Martin von Tours. Der Schutz und das Geleit Gottes, das ihm der Priester bei seiner Taufe zuspricht, begleiten ihn sein Leben lang – und oft genug hatte er es mehr als nötig.

Immer wieder findet man Martin in dieser Kirche. Dann sitzt oder kniet er vor dem Hauptaltar, der der Heiligen Anna gewidmet ist. Sein Blick bleibt an der lebensgroßen Gottesmutter Maria mit dem Kind auf ihrem Schoß haften. Neben ihr thront auf gleicher Höhe ihre Mutter, die Heilige Anna. Sie greift nach dem Sohn Gottes. Manchmal hat Luther das Gefühl, dass sie nicht auf Jesus Christus blickt, sondern auf ihn. Ertappt fühlt er sich dann und beobachtet, obwohl ihm die Heilige Anna eigentlich sehr vertraut ist. Denn sie hat er angerufen, immer wenn er in Not war.

*

Eisleben am Ostrand des Harzes ist für seinen Vater nur eine Zwischenstation, sesshaft wird die Familie in Mansfeld, einer aufstrebenden Stadt – eine halbe Tagesreise südlich gelegen. Doch am liebsten wäre er auf dem Hof des Vaters bei Eisenach geblieben, den er schon als Kind mit bewirtschaftete. Nur widerwillig lässt er seine bäuerliche Herkunft hinter sich, denn der elterliche Hof gehört jetzt seinem Bruder Heinz. Er ist als jüngster Sohn der Familie nach geltendem Recht der einzige Erbe. Da Hans sich mit dem Kupferschieferbau auskennt, heuert er in den mansfeldischen Kupferminen als Berghauer an, die zu den bedeutendsten Minen seiner Zeit zählen.

Der Vater arbeitet hart und lange in den Stollen. Es ist ein unmenschlicher Kampf Mann gegen Stein und letztlich ein Gefecht für Geld. Obwohl Hans erfolgreich ist, mangelt es oft an Bargeld. Pfennig für Pfennig dreht die Mutter um, trägt das Holz auf dem Rücken aus dem Wald und sorgt so für Martin und seine jüngeren Geschwister. Allmählich wächst deren Zahl auf sieben an. Mit ihnen versteht sich Martin gut. Gemeinsam kümmern sie sich um die beiden Schweine und die Schafe, die im hinteren Teil des Hofes in einer kleinen Bucht eingepfercht sind.

Sehr oft bringen er und einer seiner Brüder den stinkenden und triefenden Mist auf den Haufen neben dem Stall. Wenn sie die schwere Gabel vor sich her tragen, halten sie die Luft an und sehnen sich nach dem ersten Atemzug im Freien. Die Arbeit bei den Tieren fordert alles von ihnen ab, manchmal versagen ihnen auch die Kräfte. Doch der Vater lässt nicht zu, dass sie ihren Aufgaben nicht nachgehen, denn den Fleiß und die Disziplin, die er bei seiner Arbeit in der dunklen und engen Kupfergrube aufbringt, verlangt er auch von seinen Söhnen. Und wenn es sein muss, hilft er mit derben Hieben nach oder er untersagt ihnen zu essen.

So kommt es vor, dass Martin mit knurrendem Magen zu Bett gehen muss. Zuflucht und Schutz sucht er dann bei der Mutter, die ihm zwar viel Verständnis und Liebe schenkt, seinen Hunger jedoch nicht stillen darf. »Sosehr mich die Schufterei auch quälte, sie hat mich mein Lebtag begleitet und mir geholfen, die Menschen zu verstehen, mit denen ich zu tun hatte. Mein Vater hatte eine harte Hand, er hat sie sogar wegen einer einzigen zu Unrecht gegessenen Nuss gegen mich erhoben. Doch ein Vater muss streng zu seinen Kindern sein. Trotzdem war mein Vater voller Liebe für mich und meine Geschwister. Ich hoffe, dass ich meinen Söhnen und meiner Tochter ein ebenso liebevoller Vater bin«, grübelt Martin.

Plötzlich reißt ihn ein stechender Schmerz in der linken Brust aus seinen Erinnerungen, die ihn seine derzeitigen Qualen für einen Moment fast vergessen ließen. Beide Hände presst er noch fester auf die schmerzende Stelle. Justus Jonas versucht, ihn zu stützen. »Justus, sind das die Vorboten? Ich werde mich bald in meinen Sarg legen und heimgehen müssen. Wenn ich bedenke, wo ich hinkomme, ist's mir wohl. Ich werde Frieden finden.«

Justus Jonas antwortet nicht, sondern schweigt. Zu genau weiß er, dass man nur die Symptome behandeln kann, nicht aber die Ursache der Krankheit. Vielleicht ahnt und fürchtet er, dass dies die letzte irdische Reise seines Freundes sein wird. Auch die Söhne sind um die Gesundheit ihres kranken Vaters besorgt.

Beklommen flüstert Paul seinen Brüdern zu: »Im September starb erst unser Lenchen, hoffentlich jetzt nicht auch noch unser Vater. Unser Herr im Himmel möge es verhindern. Der Vater hat sich und seine Kräfte überschätzt. Lenchens Tod setzt ihm zu, wie uns allen. Dazu die Strapazen dieser Reise …«

Justus Jonas unterbricht Paul barsch und gebietet ihm zu schweigen. Eine weitere Decke und die Aussicht, in absehbarer Zeit in Eisleben anzukommen, verschaffen Martin eine leichte Linderung seiner Schmerzen. Eine sichtbare Besserung seines Zustandes tritt in den frühen Abendstunden nach der Ankunft im Haus von Barthel Drachstedt ein, dem Sohn des wohlhabenden Stadtschreibers Philipp.

Mühsam zwängt Martin sich aus der Kutsche, überquert den Gehsteig und schleppt sich die breite Treppe in den oberen Stock hinauf, in dem er eine geräumige Stube bewohnen wird. Justus Jonas bekommt ein Zimmer im unteren Stock des vornehmen Hauses zugewiesen, ebenso die Söhne. Oben angekommen, schließt Martin die Vorhänge, entledigt sich seiner schweren, kniehohen Lederstiefel und der dunkelbraunen Beinkleider. Erschöpft lässt er sich auf das Bett im vorderen Teil seines Zimmers fallen und sinkt in einen erholsamen Schlaf. Unterdessen schickt die Hausherrin nach dem Apotheker und lässt eine Tinktur aus verschiedenen Kräutern und dem Zahn des Narwals bereiten, dem heilende und lindernde Wirkung zugeschrieben wird.

*

Von den Glockenschlägen der Andreaskirche früh geweckt, beginnt Martin am nächsten Morgen mit den Vorbereitungen für die Verhandlungen. Sein gestriges Leiden, seine Todesfurcht hat er längst wieder vergessen – wie schon so oft. Zäh und langwierig werden die Gespräche in den nächsten Tagen verlaufen, denn die Grafenbrüder sind stur und beharren auf ihrem jeweiligen Standpunkt. Schon zwei Mal hatten sie sich deshalb nicht einigen können. Ob sich diesmal ein Einvernehmen herstellen lässt, hängt wesentlich von Martins Verhandlungsgeschick ab. Er sitzt den ganzen Tag mit Justus in der großen Stube des Erdgeschosses, wälzt Unterlagen, diskutiert und wägt die Argumente immer wieder gegeneinander ab. Es geht um viel Geld, denn die Bergwerkseinkünfte der Mansfelder Kupfersuhle sollen unter den Brüdern Albrecht und Gebhard neu verteilt werden. Die Erträge sind zwar sehr hoch, unterliegen jedoch starken Schwankungen, weil der Kupferpreis nicht stabil und die Kosten für die Vergrößerung der Schächte hoch sind.

Die beiden Männer gönnen sich nur kurze Pausen, denn schon am darauf folgenden Tag werden die strittigen Parteien in diesem Haus zusammenkommen und täglich miteinander verhandeln. Martins Gesundheit ist kein Thema.

*

Die Dunkelheit ist längst hereingebrochen, als Martin am Abend des 16. Februars am Tisch seiner Stube sitzt. Nur der Schein einer flackernden Kerze bietet ihm etwas Licht, um einige Zeilen an seine Frau zu schreiben: »Meine liebe Katharina Lutherin von Bora zu Wittenberg. Die Gnade und der Friede unseres Herrn Jesus Christus sei mit dir und dem ganzen Haus. Ich hoffe inständig, dass wir diese Woche wieder heimkommen können. Die Verhandlungen dauern jetzt schon den 18. Tag und kommen gut voran, sodass ich hoffen kann. Auch sonst geht es uns gut, wir haben genug Bier und allerlei gutes Essen. Ich schicke dir Forellen, die mir die Gräfin Albrecht überlassen hat. Sie ist herzlich froh über die bevorstehende Einigung. Mache dir also keine Sorgen. Bis zu unserem Wiedersehen lebe wohl. Sei geherzt dein Doktor Martinus.«

Er verschließt den Brief und siegelt ihn, damit ihn der Bote gleich morgen früh mitnehmen kann. Dass diese

Zeilen sein letztes Lebenszeichen an Katharina sein werden, vermutete Martin nicht, obwohl ihn immer wieder Krämpfe durchschütteln. Nicht nur das Herz, sondern auch die Nieren setzen ihm zu. Ein Stein löste heute eine schwere Kolik aus. Ihretwegen kann er am Vormittag des kommenden Tages seine Kammer nicht verlassen. Er verbringt die Zeit mit leichter Lektüre und viel Ruhe. Erst am späten Nachmittag begibt er sich nach unten und lässt sich von Justus Jonas über die Ereignisse dieses letzten Verhandlungstages berichten: »Heute konnte endlich das Protokoll verfasst werden, in dem die Mansfeldischen Vereinbarungen niedergeschrieben sind. Die Grafen Albrecht und Gebhard haben bereitwillig unterschrieben und den Vergleich akzeptiert. Quälend und endlos waren die letzten Tage, doch jetzt dürfte es keine Schwierigkeiten mehr geben. Die Hausherrin lässt Bier bringen und einen Braten bereiten. Wir werden jetzt den guten Ausgang feiern und uns stärken.«

Es beruhigt Martin, vom guten Ende seiner Mission zu hören. Haben sich die Anstrengungen also doch gelohnt. Das gemeinsame Essen findet dementsprechend in heiterer und gelöster Atmosphäre statt. Justus Jonas scherzt mit den Jungen, und Barthel Drachstedt trinkt mehr Bier als sonst. Kurze Zeit nach dem Essen verlässt Martin die Runde in der guten Stube, um wie gewohnt sein Abendgebet zu sprechen und zu schlafen: »Ich danke dir, mein himmlischer Vater, dass du mich an diesem Tag behütet hast, und bitte dich, dass du mir alles Unrecht vergibst, das ich getan habe. Sei mit deinen Engeln auch in dieser Nacht um mich, denn ich befehle meinen Leib, meine Seele und alles in deine Hände.«

Doch keine halbe Stunde, nachdem er sich hingelegt hatte, stöhnt und ruft er so laut, dass ihn seine Freunde in der unteren Etage hören: »Ach, mir ist elend. Jetzt werde ich gerade in Eisleben sterben.«

Justus Jonas eilt die Treppe hinauf in die Kammer und trocknet den schweißnassen Oberkörper seines Freundes mit Tüchern ab und reibt ihn mit einer Kräutertinktur ein. Eine wohltuende Wärme durchzieht den schwer atmenden Martin.

Später steigen auch Paul und seine Brüder die Stufen hinauf und setzen sich ans Bett des Vaters, der leise mit ihnen spricht: »Warum sitzt ihr hier neben mir? Legt euch auch zu Bett, der Tag war lang und wir haben eine weite Heimreise vor uns.«

Besorgt schauen die drei sich an und wenden sich dann dem Vater zu. Paul sagt zu ihm: »Wir werden bei dir bleiben und über dich wachen.« Gedankenversunken sitzen sie da, der furchtsame Paul überlegt wie schon öfter: »Ob der Vater die Nacht überleben wird? Möge Gott ihm doch dieses hier alles ersparen.«

Je länger sie auf den harten Stühlen sitzen, desto mehr verlieren sie das Gefühl für die Zeit. Erst als die Mitternachtsglocke schlägt, werden sie aus ihrem Dämmerzustand gerissen. Auch Martin erwacht vom gleichmäßigen Schlagen, das ewig zu dauern scheint. Jedes Mal, wenn der Klöppel die Glocke trifft, sticht ein scharfer Schmerz in seinen Ohren. »In deine Hände befehle ich meinen Geist, du hast mich erlöst, Gott der Wahrheit«, immer wieder murmelt er dieses Gebet. Schon in den letzten Stunden hatte er es gebetsmühlenartig wiederholt. Es ist, als wolle er hinauszögern, was ihm unmittelbar bevorsteht. Angst vor dem Tod hat er nicht, doch schmerzlich begreift er, dass sein Heimweh nach Wittenberg und die Sehnsucht nach seiner Käthe wohl nicht mehr gestillt werden würden.

Es dauert nicht mehr lange und alle spüren den kalten Atem des Todes, der in diesem Zimmer mehr und mehr Raum gewinnt. Justus Jonas versucht, ihm mit einem erneuten Feuer und den beiden herbeigerufenen Ärzten Einhalt zu gebieten – doch vergebens. Noch einmal spricht Martin mit kräftiger und klarer Stimme: »Himmlischer Gott und Vater unseres Herrn Jesus Christus, ich danke dir, dass du mir deinen Sohn offenbart hast, an den ich geglaubt, den ich gepredigt und bekannt habe. Ich bitte dich, lass meine Seele bei dir aufgehoben sein. Wenn ich aus diesem Leben weggerissen werde, weiß ich doch ganz gewiss, dass ich bei dir ewig bleiben werde. Aus deinen Händen wird mich nichts reißen.«

Er sinkt in sein Kissen. Sein Gesicht ist blass. Noch einmal holt er tief, aber sanft Atem. Als er ihn wieder ausstößt, weicht auch das Leben aus ihm.

*

»Wir sind Bettler, das ist wahr.« Justus Jonas murmelt leise vor sich hin, was er auf einem kleinen Zettel liest, den er zufällig auf dem Nachttisch neben dem Sterbebett bemerkt. Es ist Martins Handschrift. Er muss diese Worte in der vergangenen Nacht notiert haben. Erst jetzt, am Morgen nach seinem Tod, als das Licht den Raum erhellt, fällt er auf. Verschiedene Gedanken schießen Justus durch den Kopf: »War Martin bei klarem Verstand, als er diese Worte schrieb? Ist das ein letztes persönliches Vermächtnis oder eine Zusammenfassung seines turbulenten und erkenntnisreichen Lebens?«

Völlig versunken lässt er sich diese Worte durch den Kopf gehen: »Ein Bettler, das war Martin gewiss. Während der Schulzeit, als er sich seinen Lebensunterhalt verdienen musste, bat er die Eisenacher Bürgerschaft um Geld. Nach dem Studium bettelte er die Herren seiner Kirche an um Veränderung der kirchlichen Strukturen und Beendigung des Ablasshandels. Und vor Gott stand er vom ersten Tag seines Lebens an als Bettler – mit leeren Händen, demütig und in dem Wissen, dass er bedürftig ist und es bleiben wird. Martin bat Gott um Weisheit und die rechte Erkenntnis, als er mit ihm gerungen hatte. Jetzt steht er vor Gott von Angesicht zu Angesicht und kann nur um Vergebung bitten. Gott möge ihm diesen Wunsch erfüllen und ihm Gnade schenken.«

Das kräftige Klopfen an der Tür reißt Justus aus seinen Erinnerungen. »Ja, herein.«

Pfarrer Michael Caelius ist gekommen, um mit ihm notwendige Absprachen zu treffen. Beide umarmen sich und wissen sich in ihrer Trauer verbunden. »Doktor Jonas, die ganze Stadt liegt in Trauer. Die Kunde von Martins Tod hat schnell die Runde gemacht. Die Frauen sieht man schluchzen, mit Tränen in den Augen laufen sie durch die Straßen. Alle sind wie gelähmt. Der Trauergottesdienst wird am Samstagvormittag in der Andreaskirche gehalten. In wenigen Stunden wird Luthers Leichnam dorthin gebracht. Graf Albrecht hat mich mit der Leichenpredigt beauftragt. Danach wird sich der Leichenwagen sicher in Richtung Wittenberg in Bewegung setzen. Wenn der sächsische Kurfürst Johann Friedrich die Todesnachricht erhält, wird er darauf bestehen, dass Martin Luther in der Schlosskirche beigesetzt wird. Der Eilbote ist bereits zu ihm unterwegs. Philipp Melanchthon wird ebenfalls benachrichtigt, er wird die Nachricht morgen erhalten.«

Justus Jonas erwidert: »Danke, Pfarrer Caelius. Das ist gut, dass Philipp unterrichtet wird. Ihn wird es besonders treffen. Er verliert wie ich und viele andere nicht nur einen Kollegen, sondern einen Freund. Wenn er erfährt, dass Martin in Stille eingeschlafen ist, wird es ihn vielleicht etwas trösten.«

Erfurt – Ein fruchtbar Bethlehem

Zum Wohl Martin aus Mansfeld. Willkommen in unserer Runde und in diesem Haus. Auf das du die nächsten Jahre fleißig lernst, unseren Professoren gut zuhörst und ein guter Magister wirst!« Laut schallt der Trinkspruch des Crotus Rubeanus durch den ganzen Raum. Dabei schwenkt er seinen Bierkrug und prostet Martin zu. Auch die anderen erheben ihre Krüge. »Und dass du ordentlich trinkst und feierst, wie es sich für einen guten Studenten gehört. Du musst es nur machen wie wir …«, tönt es sichtlich angetrunken aus der Ecke. Vom Lachen aller wird die freche Trinkerweisheit unterbrochen. »Jawohl«, rufen einige. Sie nicken sich zu und nehmen einen kräftigen Schluck Naumburger Bier.

Gut gefüllt ist der Raum, mehr als zwei Dutzend junge Männer sitzen auf den schmalen Bänken entlang der großen Holztische. Starker Alkoholgeruch liegt in der Luft und ein Geselle sorgt für ausreichend Getränkenachschub aus dem Brauhaus. Heute wird Martin feierlich in die Unterkunft aufgenommen, in der er während seines Studiums wohnen wird. Sie heißt *Himmelpfort* und liegt im Nordosten Erfurts, im Universitätsviertel.

Am späteren Abend holt Crotus eine Maske hervor und setzt sie Martin aufs Gesicht. Noch bevor er sie richtig an seinem Hinterkopf befestigt hat, johlen und prusten alle los. Die Larve hat Scheuklappen und Hörner, Eberzähne und Eselsohren. Martin sieht sehr verunstaltet aus. Damit ihn seine neuen Kameraden betrachten und sich an seinem schauerlichen Aussehen ergötzen können, zieht Crotus Martin ungefragt von seinem Sitz. Er führt ihn einige Runden durch den ganzen Raum, bis er in der Mitte zum Stehen kommt. Die Zuschauer quittieren seinen Auftritt mit Hänseleien und groben Bemerkungen. Dies ist der Beginn einer Prozedur, auf die die Älteren schon gewartet haben – schließlich mussten sie die bei ihrem Einzug ebenfalls über sich ergehen lassen.

Dann nimmt Crotus einen Krug und gießt kaltes Wasser über Martins Kopf. Dabei verkündet er, was bereits alle wissen – doch auch das ist Teil der Zeremonie. Fast verschwörerisch sagt er zu seinem tierischen Gegenüber: »Schweinezähne und Hörner zeigen, wie erbärmlich du bisher gelebt hast. Sie machen deine Dummheit und Unreife deutlich. Mit dieser ›Taufe‹ legst du alles Tierische ab.«

Kurz hält er inne, um die Spannung zu steigern: »Ab jetzt lebst du in der festen Absicht, ein gebildeter Mann zu werden. Von nun an strebst du nach Erkenntnis, Einsicht und Klugheit« – jedes dieser drei Worte betont er besonders. »Nur so wirst du ein würdiger Jünger der Wissenschaft sein.«

Um das eben Gesagte zu unterstreichen, schneidet Crotus symbolisch die Eselsohren ab und reißt die Hauer aus. Lachend applaudieren alle und stoßen fröhlich erneut auf Martins Wohl an. Auch er versucht durch den Schlitz der verstümmelten Maske zu trinken, was ihm jedoch nicht gelingt – ein großer Teil schwappt auf den Boden und sorgt erneut für Gelächter.

Crotus zieht Martin durch den Raum, diesmal führt er ihn zu Jodokus Trutfetter, den Direktor der Philosophischen Fakultät. Feierlich nimmt dieser ihm die Maske vom Gesicht. Erleichtert atmet Martin auf. Die Erlösung ist allerdings nur von kurzer Dauer, denn Doktor Trutfetter vollzieht den letzten, aber derbsten Teil der Prozedur: Er gießt ihm Wein über den Kopf und streut Salz in seinen Mund – das »Salz der Wahrheit«. Damit demonstriert er, dass Lernen und Studieren nicht nur von süßen, sondern vor allem von bitteren, ja schmerzhaften Erfahrungen begleitet ist.

Reflexartig versucht Martin, das Salz wieder auszuspucken. Flink greift er sich den nächsten Bierkrug und spült den ätzenden Geschmack hinunter. Trotz allem Ärger protestiert er nicht gegen dieses Vorgehen. Ganz genau ist ihm bewusst, dass er nur so ein anerkanntes Mitglied der Unterkunft werden kann. Doktor Trutfetter klopft anerkennend auf seine Schulter und verdeutlicht ihm, dass er sich setzen könne. Erleichtert geht Martin an seinen Platz. Während dessen öffnet er sein Wams etwas, denn diese rohe Behandlung hat ihn ins Schwitzen gebracht.

Als einige Studenten zu Bett gehen und sich andere in Zweiergespräche vertiefen, beugte sich Konrad Wigant zu Martin, so als habe er auf diesen Moment gewartet. Beide kennen sich schon aus Mansfeld. Leise beginnt Konrad zu reden. Obwohl es ein offenes Geheimnis ist, sollen nicht alle hören, was er sagt: »Es ist heute eine seltene Gelegenheit, dem harten Leben in Himmelpfort zu entkommen. Johannes Knaes ist unnachgiebig und schonungslos. Schonungsloser als ein Abt im Kloster. Deshalb kommt man sich gelegentlich vor wie ein Mönch aus einem der unzähligen Orden, die über die Stadt verteilt sind.«

Er blickt sich suchend um, als wolle er vermeiden, dass der erwähnte Johannes Knaes seine Worte hören kann. Doktor Knaes verwaltet das Geld für Unterkunft und Verpflegung, das jeder pünktlich bei ihm zu entrichten hat. Er überwacht die Studien und unterrichtet selbst, wenn es sein muss. Studenten, die zu schleppend vorankommen, mahnt er ab und fordert Fleiß und Strebsamkeit ein. Unter den Bewohnern gilt er deshalb als überaus strenger Hausvater.

Als Konrad sieht, dass Doktor Knaes nicht mehr da ist, spricht er staccatoartig weiter: »Die Vorschriften sind streng. Du darfst im Haus nur Latein sprechen. Wenn du dich unerlaubt vom Gelände entfernst, wirst du bestraft. Achte darauf, dass du nach Hause kommst, bevor das Eingangstor verschlossen wird, sonst musst du die Nacht im Freien verbringen. Unwürdiges Spiel und Sauferei, wie heute, sind normalerweise verboten. Und du kannst unter keinen Umständen Weiber mitbringen!«

Anzüglich lächelt er und malt mit den Händen den Umriss einer Frau in die Luft. Martin vermutet, dass Konrad mit diesen Vorschriften häufig in Konflikt gerät und ihn vor den Folgen warnen will.

Nach einer kurzen Pause fährt er mit seiner Ausführung fort: »Das einzig Gute ist die Kost. Es gibt zwei Mahlzeiten am Tag und viermal in der Woche Fleisch – entweder Hühner oder Schwein, manchmal Wildvögel. Die Köchin meint es wirklich gut mit uns. Über das Essen wirst du dich nicht beklagen. Auch das Bier ist passabel. Was ich von anderen Unterkünften hier im Viertel gehört habe, ist erbärmlich.«

Die Ausführungen über das Leben in Himmelpfort überraschen Martin nicht. Eine sparsame Lebensweise und spartanischer Wohnkomfort werden ihm nicht sonderlich zu schaffen machen – damit hat er gerechnet. Er ist froh, dass es hier eine Bibliothek gibt. Sie befindet sich gleich neben dem Gebäude mit den Schlafräumen und umfasst 600 Bände über nahezu alle Wissensgebiete.

Nachdem Konrad seine Schilderungen abgeschlossen hat, sitzen beide noch bis tief in die Nacht mit einer handvoll fröhlicher Studenten beim Bier zusammen. Martin hört vom Leben in den Studentenunterkünften. Viel wird er erleben, wenn nur ein Teil von dem wahr sein sollte, was er erzählt bekommt.

*

Martin stecken die Ereignisse des vergangenen Abends noch in den Knochen, als er sich am nächsten Morgen zum *Großen Kollegium* begibt, das zugleich als Universitätsgebäude dient. Nur wenige Schritte liegt es von der Unterkunft entfernt. Dort will er sich für das Studium an der Philosophischen Fakultät eintragen. Er geht heute langsamer als sonst und nur mühsam öffnet er das große Metallgittertor des Kollegiums. Fest umgreift er die geschwungene Klinke, drückt sie nach unten und lehnt sich mit der Schulter gegen das Tor. Quietschend gibt es seinem Gewicht nach, er kann das dahinter liegende Treppenhaus betreten.

Mit Martin gehen noch einige andere Studenten ins Universitätsgebäude. Die meisten Studenten eilen aneinander vorbei ohne sich anzusehen, einige nicken den Entgegenkommenden freundlich zu und wechseln hier und da ein paar Sätze. Die Atmosphäre ist keinesfalls heiter, sondern wegen der unmittelbar bevorstehenden Veranstaltungen angespannt. Geschäftigkeit liegt in der Luft. Etliche murmeln im Gehen leise vor sich hin, um auf diese Weise den Stoff der letzten Vorlesung zu rekapitulieren. Martin kann die Wortfetzen aufschnappen, als er sich zur hölzernen Treppe begibt.

Der Treppenaufgang ist breit und durch einige Fenster etwas erhellt. Das einfallende Licht wirft Schatten auf die Stufen. In der Mitte sind sie ausgetreten. Martin ist hin und her gerissen. Einerseits wirkt der Aufgang dunkel, fast drückend und ein mulmiges Gefühl umgibt ihn. Andererseits weiß er, wie wichtig dieser Tag ist. Er hat es nicht nur Gottes Willen, sondern auch seinem Vater zu verdanken, dass er ein Studium beginnen kann. Ohne dessen finanzielle Unterstützung wäre seine Ausbildung mit der Schule beendet gewesen. Aus eigener Kraft kann er die Kosten für Unterhalt, Bücher und Gebühren nicht bewältigen. Er hätte, wie sein Schulfreund Hans Reinecke, die Bergbauhütte seines Vaters übernommen. Das wird in Martins Fall wohl sein Bruder Jakob tun, jedenfalls deutet sich das bereits jetzt an.

Trotz oder gerade weil der Vater seit einiger Zeit zusätzlich Hütten gepachtet und weitere Knappen angeheuert hat, kann er seinen Sohn unterstützen. Denn jetzt gehören auch die Hütten *Zum Rodischen*, *Vorm Birnbaum* und *Auf der Wiesen* zu Hans' Pachtbesitz. Martin bewundert seinen Vater. Obwohl die Wirtschaftsverhältnisse im Bergbau kompliziert sind, kann Hans seine unternehmerischen Aktivitäten ausweiten. Fallende Kupferpreise, schwankende Abgaben an die Gesellschaft und steigende Kosten für Geräte machen das Geschäft riskant. Ganz zu schweigen von den Investitionen für Löhne, Schachtbau und Schmelzzusätze.

Wahrscheinlich bringen Hans die Zugehörigkeit zur Bürgerschicht und sein Sitz im Rat der Stadt Achtung, die sein berufliches Fortkommen nicht nur sichern, sondern befördern. Jedenfalls im Moment. Alle wünschen ihm, dass es noch lange so bleiben möge.

Martin unterbricht seinen Aufstieg und stellt sich an eines der Fenster. An den Sims gelehnt, schaut er nach draußen. Flüchtig nimmt er das Treiben auf dem Innenhof wahr. Sein Blick bleibt bei einer kleinen Gruppe älterer Studenten hängen. Sie stehen im Halbkreis zusammen und diskutieren miteinander. Wahrscheinlich hat sie die milde Frühlingsluft und die Maisonne animiert, ihre Gesprächsrunde nach draußen zu verlegen. Einer von ihnen scheint der Diskussionsleiter zu sein, er zeigt mit eindeutigen Handbewegungen an, wer als Nächstes reden darf. Zwischen den einzelnen Redebeiträgen spricht er selbst und gestikuliert wild. Dabei stößt er mit dem Zeigefinger hin und wieder an seine geschwungene schwarze Kappe.

Martin versucht sich vorzustellen, wie es ihm in der nächsten Zeit wohl ergehen wird. Eine philosophische Grundausbildung wie jeder Studienanfänger wird er absolvieren, bevor er sich für Medizin, Theologie oder Jura entscheiden kann. Das dauert vier Jahre. Anschließend wird er sich für Jura bewerben, denn der Vater will es so. Doch zuvor muss er sich in die Gedanken des antiken Philosophen Aristoteles und anderer Gelehrter einarbeiten, ihre Schriften analysieren und Streitgespräche abhalten. In diesem Moment streift Martin jemand versehentlich am Arm und grüßt freundlich. Aus seinen Überlegungen gerissen, erwidert er den flüchtigen Gruß des stürmischen Fremden. Er wendet sich vom Fenster ab und geht den letzten Treppenabsatz hinauf.

Nach wenigen Schritten erreicht er das Zimmer von Direktor Trutfetter und wird nach mehrmaligem Klopfen hereingebeten. Schnell bemerkt dieser Martins Verfassung und lächelt ihm mitfühlend zu. Beide wechseln einige freundliche Worte. Doktor Trutfetter informiert ihn über die bevorstehenden Vorlesungen und den Eid, den er jetzt leisten soll. Sein Tonfall ist sachlich, als er ihm das Gelöbnis vorspricht: »Ich, Martin Luther aus Mansfeld, verpflichte mich, dem Direktor meiner Fakultät jederzeit gehorsam zu sein, und gelobe, mich gegenüber der Universität Erfurt loyal zu verhalten. Ich werde alle Verfügungen und Verordnungen der Professoren befolgen, so lange ich ihr Student oder Magister bin.«

Martin reicht Doktor Trutfetter die Hand und wiederholt das Gesagte. Dann schreibt der Direktor seinen Namen in das Studentenverzeichnis. Er begrüßt ihn als neuen Studenten seiner Einrichtung und verabschiedet sich. Befriedigt, diese Formalität erledigt zu haben, und in dem Wissen, dass sein Vater eine gute Entscheidung getroffen hat, verlässt Martin das Direktorenzimmer.

*

In einer knappen Stunde beginnt im Dom eine Messe, mit der das Studienhalbjahr feierlich eröffnet wird. Martin will an ihr teilnehmen und läuft vom Universitätsgebäude entlang der Michaelisgasse in Richtung Allerheiligengasse. Er kommt vorbei an prächtigen Bürgerhäusern und kleinen

Wasserläufen, die die ganze Stadt durchziehen. Sie riechen schon von Weitem faulig und Ekel erregend, weil allerhand Unrat und Mist in sie geleitet werden. Dann biegt er auf die Marktgasse ein. Von dort aus erreicht er den Domplatz und sieht den Dom und die Severikirche. Beides wirkt auf ihn gewaltig. Als Erstes nimmt er die lang gezogenen bunten Glasfenster des Chorraums wahr. Dieser steht auf einem Unterbau, der mit Aussparungen versehen ist. In den Freiflächen sind teilweise Unterkünfte eingefügt. Am Westende ist der Chor mit dem Langhaus durch drei Türme verbunden. Auf dieser Höhe befindet sich das Eingangsportal. Es ist durch eine steil aufstrebende Freitreppe zu erreichen. Auf ihr laufen Geistliche in ihren Ornaten, aber auch einfache Männer und Frauen auf und ab. Die meisten von ihnen halten einen Moment inne und schnappen nach Luft, wenn sie oben angekommen sind.

Auch Scholaren und Professoren, die zur Messe gehen, nutzen die Treppe. Mancher ältere Doktor erreicht die obere Stufe weit vor den deutlich jüngeren Studenten. Ein vorbeieilender Magister wird am Fuß der Treppe von einem kleinen Mädchen angerempelt, das beim Spielen eine bunte Murmel erhaschen will und unachtsam losrennt. Dieser quittiert ihre Achtlosigkeit mit einem strengen, fast herabwürdigenden Blick und geht weiter.

Je näher Martin der Treppe kommt, desto deutlicher kann er das Hämmern der Zimmerleute und das Schlagen der Steinmetze hören, das er von weitem nur leise vernahm. Sie führen letzte Reparaturarbeiten an der Außenfassade der Severikirche durch. In den vergangenen Jahren haben sie die Bedachung erneuert und an der Dreiturmgruppe gebaut. Auffallend sind die neuen schlanken Turmhelme und der erhöhte Mittelturm. Auf der obersten Stufe angekommen, geht Martin nicht direkt zum Eingangsportal, sondern dreht sich um, lässt seinen Blick schweifen und saugt den Lebensatem der Stadt in sich hinein.

Erfurt ist groß und prächtig, er schätzt die Bevölkerungszahl auf 20.000 Einwohner – im Vergleich zu Eisleben ist es ungefähr zehn Mal so groß. Außerhalb der doppelten Stadtmauer, die durch zahlreiche Türme und feste Bollwerke zusätzlich gesichert ist, gehören noch mehr als 80 Burgen, Dörfer, die Stadt Sömmerda und das Reichslehen Kapellendorf zu Erfurt. Die Stadt hat eigene Soldaten und darf Münzen prägen – unter anderem den *Scherf*.

Auf der Höhe von Erfurt kreuzen sich zwei bedeutende Handelsstraßen, die den Osten mit dem Westen, den Norden mit dem Süden verbinden. Sie sichern den Bewohnern die Einfuhr von Luxusgegenständen und südländischen Gewürzen, aber auch regelmäßige Einnahmen aus den Unterkünften und der Verpflegung der Reisenden.

Um diese Jahreszeit grünen rund um die Stadt Felder und fruchtbare Äcker, auf denen neben Getreide auch Wein angebaut wird. In den Weingärten ist jetzt besonders viel zu tun. Am intensivsten strahlt derzeit das Gelb der Waidpflanzen. Sie verhelfen Erfurt zu wirtschaftlichem Aufschwung und werden bis nach England, Flandern oder Polen exportiert. Dieses mannshohe Kreuzblütengewächs ist vielseitig einsetzbar – die blauen Nüsse, die sich im Spätsommer ausbilden, liefern ein begehrtes Blaufärbemittel. Es wird beim Kolorieren von Leinen, zum Streichen von Türen und Kircheninnenräumen verwendet. Aus den Wurzeln lässt sich Bitterlikör herstellen und als Heilmittel dient Waid zur Bekämpfung von fiebrigen Erkältungen.

Der Reichtum und die Bedeutung Erfurts zeigen sich auch an der Universität, die einen ausgezeichneten Ruf genießt. Sie besteht seit mehr als 100 Jahren und ist die erste in ganz Europa, an der vier Fachrichtungen gelehrt werden – was ihr einen großen Zustrom an Studenten sichert. Derzeit haben anerkannte Männer Professuren inne. Auch Doktor Trutfetter ist einer von den Prominenteren.

Das kraftvolle Läuten der Glocken fordert Martin auf, sich wie andere Studenten und Gläubige in das Innere des Doms zu begeben. Er schreitet durch das Eingangsportal, das von den in Stein gehauenen zwölf Aposteln gesäumt wird. Als er in den Innenraum tritt, fühlt er sich angesichts der Größe klein und bedeutungslos. Gleichzeitig ergreift ihn wegen der prunkvollen Ausstattung ein erhebendes Gefühl. Obwohl der Kirchenraum bereits gut gefüllt ist, findet er im Chorraum in einer der vorderen Reihen Platz und betrachtet die Glasfenster, auf denen die Passion und Auferstehung Christi dargestellt sind. Dann setzt die Orgel mit kräftigen Tönen ein und markiert den Anfang der Messe. Martin ist vom Klang dieses Instrumentes und von dem prächtigen Chor beeindruckt. Beides kennt er aus Mansfeld nicht. Auch die vielen Besucher, die mit ihm den Gottesdienst feiern, sind für ihn ungewohnt.

*

Als die Messe zu Ende ist, geht Martin zurück in die Unterkunft und will mit ersten Arbeiten beginnen. Wenn er an die bevorstehenden Vorlesungen und Streitgespräche bei seinen Professoren denkt, ist er gespannt. Zugleich ist er beunruhigt, denn er wird durch sie an seine Schulzeit erinnert. Er sieht vor seinem inneren Auge eine Szene, die auch nach Jahren ihre Schrecken nicht gänzlich verloren hat: Es ist ein Vormittag an der Mansfelder Lateinschule, er und seine gleichaltrigen Mitschüler werden in lateinischer Grammatik unterrichtet. Der Lehrer geht durch die Bänke und ruft verschiedene Jungen auf, um ihr Wissen abzufragen. Dann kommt er zu Martin und befiehlt: »Amare, beuge amare!«

Vom Tonfall eingeschüchtert und in dem Wissen, was wohl gleich passieren würde, stammelt er: »Amare, … amo, …«

Nach einer kurzen Pause, die Martin schier unendlich vorkommt, wiederholt der Lehrer seinen Befehl. Diesmal schreit er: »Amare, 1. Person, 2. Person, 3. Person, Einzahl und Mehrzahl!«

Martin wiederholt verzweifelt »amare, … amo, …« dann verstummt er. Schon spürt er den ersten Hieb. Zornesrot brüllt der Lehrer »amare, amo, … weiter!« Martin duckt sich in der Hoffnung, auf diese Weise der Rute zu entgehen. Wieder knallt sie für alle hörbar auf ihn herab. Er wagt nicht, lautstark oder leise zu protestieren, dass er lateinische Verben noch nicht konjugieren kann, weil er es von ihm, dem Lehrer, nicht gelernt habe. Das gilt auch für »amare«, das ins Deutsche mit »lieben« übersetzt wird. Stattdessen schweigt er und lässt über sich ergehen, wofür er nichts kann. Einige Minuten muss er die Hiebe ertragen – wie oft ihn sein Peiniger malträtiert, weiß er nicht. Gefühlt waren es unzählige Mal.

Auch Tage und Wochen später überkommen ihn Zittern und Angst bereits auf dem Weg zur Schule, so sehr erschreckt ihn dieser Vorfall. Während des Unterrichts verhält er sich von nun an so unauffällig wie möglich und in den Pausen ist er noch zurückhaltender als sonst. Er hofft, dadurch wenig ins Blickfeld seines Lehrers zu geraten und der erzieherischen Methode zu entgehen, den Lehrstoff im wahrsten Sinne des Wortes in die Schüler hineinzuprügeln.

Erleichtert, dass seitdem einige Zeit vergangen ist und ihm dies zukünftig erspart bleiben wird, erreicht er Himmelpfort und begibt sich in die Bibliothek.

*

Um den Eltern Anteil an seinem Leben in Erfurt zu geben, schreibt Martin ihnen einige Zeilen: »Vater, ich komme seit Monaten mit den Studien gut voran. Ich fange alle Morgen mein Lernen mit einem herzlichen Gebet in der Kirche an, denn fleißig gebetet ist über die Hälfte studiert. Ich bemühe mich, den Unterricht nicht zu versäumen, bespreche mich mit meinen Studienkollegen und lese in der Bibliothek. Ich habe eine rasche Hand und ein promptes Gedächtnis. Wenn mein Zimmergenosse versucht eine halbe Stunde zu sitzen und ein Buch zu lesen, steht er auf, wird fuchtig, wirft alles hin und schreit ›Studieren macht Narren‹. Ich habe das strebsame Arbeiten und die Disziplin von Euch gelernt. Gott sei es gedankt. Es fließt mir aus der Feder, wenn ich schreibe, ich muss die Feder nicht pressen oder drücken. Die Kameraden hier in Himmelpfort nennen mich ›Philosoph‹, weil es mir große Freude und Vergnügen bereitet, Streitgespräche zu führen und weil ich die Auseinandersetzung mit den scharfsinnigen Magistern und Doktoren nicht scheue. Wenn ich die Philosophie abgeschlossen habe, werde ich Eurem inniglichen Wunsch nachkommen und mit dem Rechtsstudium beginnen. Es ist auch mein Wunsch, denn ich brächte es nicht über mein Herz, Euch diesen Wunsch auszuschlagen.

Um mich abzulenken und wenn ich Erholung suche, spiele ich die Laute. Entweder lasse ich sie für mich allein erklingen oder in geselliger Runde für meine Kameraden, damit wir uns gegenseitig erheitern und aufmuntern. Ab und zu gibt es Anlass zum Feiern. Wenn wir dann zusammen sitzen, bin ich nicht zögerlich und trinke gern einen kräftigen Schluck Starkbier oder Wein. Er wächst reichlich in den Weinbergen außerhalb der Stadt. In diesem Jahr ist er besonders trocken. Doch ich mag es gern etwas herber.

Ich werde Euch bald wieder schreiben. Grüßt und herzt die Mutter von mir. In treuer Verbundenheit. Euer Martin!«

Das Gewitter der Gewissheit: Ich will ein Mönch werden

Konrad Wigant und Martin reisen aus Richtung Mansfeld nach Erfurt. Beide haben dort das Osterfest gefeiert und befinden sich jetzt eine reichliche Stunde nordöstlich von Erfurt. Cölleda liegt bereits hinter ihnen, inzwischen sind sie auf Höhe Schwerborn angelangt. Das nahe Ziel vor Augen zieht Konrad das Tempo an. Weil ihre Schritte schneller werden, schwingen auch die Degen an ihren Gürteln heftiger. Sie tragen sie bei sich, um sich im Falle eines Übergriffes verteidigen zu können. Martin lässt sich leicht zurück fallen und geht zehn, elf Schritte hinter seinem Kameraden. Nach einer Weile versucht er wieder aufzuschließen und stolpert über einen Stein. Er gerät aus dem Gleichgewicht und stürzt zu Boden. Von einem stechenden Schmerz erfasst, schreit er unwillkürlich auf. Konrad dreht sich um, eilt auf ihn zu und sieht, was geschehen ist: Die Degenspitze hat die lederne Umhüllung an der dünnsten Stelle zerstochen und sich tief in den linken Unterschenkel gebohrt. Dort hinterlässt sie einen Schnitt, der doppelt so lang ist wie ein Finger – innerhalb weniger Augenblicke ist Martins Gewand mit Blut durchtränkt.

Konrad versucht die Blutung zu stoppen. Er presst beide Hände immer wieder fest auf die klaffende Wunde. Verzweifelt reißt er ein Stück Stoff aus seinem Umhang, um sie notdürftig zu verbinden. Aufgewühlt keucht er: »Ich werde nach einem Arzt laufen. Bleib du in der Zwischenzeit hier. Vor Sonnenuntergang bin ich zurück. Sei unbesorgt. Ich gebe dir mein Wort!«

Martin wehrt gestikulierend ab und versucht aufzustehen, kann jedoch nicht gehen, ohne unerträgliche Schmerzen zu spüren. Konrad schleppt ihn auf die eigene Schulter gestützt zum Wegrand und legt ihn dort an einen Baum. Dann hetzt er halb rennend, halb gehend davon.

Während Martin auf die Rückkehr seines Weggefährten und den Arzt wartet, wird ihm schwarz vor Augen. Das starke Schwindelgefühl lässt ihn bewusstlos werden. Als er eine ganze Zeit später wieder zu sich kommt, fleht er gen Himmel: »Oh, Heilige Maria, Mutter Gottes, steh mir bei und hilf mir.«

Dann versucht er sich zur Seite zu drehen: »Der Tod ist ständig um mich. Wie ein dunkler Schatten umgibt er mich. Ständig versucht er nach mir zu schnappen.«

Leise murmelt er: »Mir graut vor dir, Tod. Wenn du jetzt kommst, bin ich nicht auf dich vorbereitet. Jeden Tag habe ich Gott gebeten, dass er mir das erspart.«

Voller Unruhe gesteht er sich ein: »Ich habe Angst, wenn ich mich dann vor Gott für meine Fehler verantworten muss. Er wird mich bestrafen und ich werde Qualen in der Hölle leiden, denn meine Schuld ist groß.«

Dieser Gedanke lässt ihn nicht mehr los: »Wenn ich auf diesem Weg einsam und allein sterben muss – was gäbe ich darum, dass ich vorher mit einem Priester sprechen könnte. Ich will ihm beichten und Buße tun und das Abendmahl empfangen. Dann hoffe ich, dass Gott mir vergibt.«

Von seinen Überlegungen abgelenkt, vergisst Martin die Zeit, bis er in der Ferne zwei Männer auf Pferden sieht und

Konrad erkennt. Erleichtert und erschöpft zugleich winkt er ihnen zu. Schnell reinigt der Arzt seine Wunde und legt einen Druckverband an. Doch in der kommenden Nacht findet Martin kaum Ruhe. Ihn quält die Frage, wie er Gott milde und gnädig stimmen kann: »Was kann ich noch zu meiner Entschuldigung und Verteidigung vor Gott bringen?«

Laut ruft er: »Ich muss noch mehr beten und fasten, vor allem aber Buße tun, um meine Fehler zu entschuldigen.«

Erst gegen Morgen überkommt ihn die Müdigkeit und er sinkt in einen unruhigen Schlaf.

Am folgenden Tag tritt eine deutliche Linderung der Schmerzen ein, die auch Martins trübe Gedanken vertreibt. Einige Wochen später ist die Verletzung ausgeheilt und er kann seine Studien wieder aufnehmen – in der folgenden Zeit wird er sich auf den bevorstehenden Magisterabschluss vorbereiten.

*

Anfang Januar 1505 legt Martin die Prüfungen an der Philosophischen Fakultät ab. Als die Befragungen und Debatten über relevante Stoffgebiete abgeschlossen sind und alle Kandidaten erfolgreich bestanden haben, werden sie öffentlich geehrt und beglückwünscht: Doktor Trutfetter überreicht jedem Absolventen den Magisterring und eine braunrote Kappe. Beides verdeutlicht den Grad ihres Abschlusses und die Würde, die ihnen jetzt zuteil wird.

Um sich den Professoren und Doktoren gegenüber erkenntlich zu zeigen, arrangieren die frischgebackenen Magister traditionell einen üppigen Festschmaus. Die Feier mündet in eine mächtige Prozession, die von Fackelträgern mit lodernden und weit sichtbaren Flammen angeführt wird. Die Lehrer ziehen mit ihren ehemaligen Studenten durch die schneebedeckten Gassen Erfurts – vorbei an Schaulustigen, die ihnen laut zujubeln und applaudieren. Martin wird dieses Fest lange in Erinnerung bleiben, denn es bereitet ihm so viel Freude wie keines zuvor.

Als Hans von den Leistungen seines Sohnes erfährt, erfüllt ihn väterlicher Stolz – auch weil Martin ein ausgezeichnetes Ergebnis erzielt und als Zweitbester abschneidet. Um ihm die entsprechende Ehre zu erweisen, spricht er ihn ab jetzt nicht mehr mit du, sondern achtungsvoll mit Ihr an, und überlässt ihm als Grundlage für seine juristische Ausbildung ein sehr kostspieliges *Gesetzbuch für Zivilrecht*. Hans sieht für Martin eine verheißungsvolle Zukunft als Rechtsanwalt voraus: Vor ihm steht ein aufstrebender Anwalt, der in wenigen Jahren Streitigkeiten unter den Mansfelder Bergwerkunternehmern schlichtet und die Familie in Rechtsfragen berät. Er wird die Familieninteressen vor Gericht vertreten, wenn die Entlohnung der Arbeiter strittig ist oder die Verletzung eines Knappen verhandelt wird. Vielleicht wird er auch eine leitende Stellung im Rat der Stadt oder am kurfürstlichen Hof innehaben, durch die ihm entsprechend Anerkennung und Respekt zuteil werden.

Auch von Martins zukünftiger Familie hat Hans eine sehr genaue Vorstellung. Seit geraumer Zeit nimmt er heiratsfähige Frauen in Augenschein, die zum künftigen Berufsstand und ehrbaren Lebenswandel seines ältesten Sohnes passen. Die Tochter einer angesehenen und wohlhabenden Bergmannsfamilie kommt in die engere Auswahl.

Über sie und die hoffentlich bald bevorstehende Hochzeit wird er bei nächster Gelegenheit mit ihm sprechen.

*

In den vier Monaten vor Beginn seines Jurastudiums betreut Martin jüngere Studenten und hilft ihnen, sich zurecht zu finden. Er kann sich aber nur schwer auf diese Arbeit konzentrieren, weil er sich ständig niedergeschlagen fühlt. Fast jeden Tag plagen ihn schwermütige Gedanken. Böse Geister und Weltuntergangsszenarien spuken ihm durch den Kopf. Gestalten, die er für Teufel hält, begegnen ihm bei jedem Gang durch die Gassen Erfurts. Hinter allen Ecken lauern Fratzen und Gespinste – vor allem während der Dunkelheit. Jedes Heulen, Rauschen oder Geschrei hält er für den Satan, der ihn verfolgt und bedroht. Furcht und Schrecken nagen an seiner Seele, die er mit seinem Verstand nicht begründen kann, so sehr er sich auch bemüht.

Größer noch ist seine Angst vor dem Tag des Jüngsten Gerichts und dem Moment, in dem er vor Gottes Angesicht tritt und Rechenschaft über sein eigenes Leben abgeben muss. Seit seiner Beinverletzung vor einigen Monaten lassen ihn diese Gedanken nicht mehr los – sie beschäftigen ihn mal mehr, mal weniger. Jetzt jedoch brechen sie mit ungewohnter Heftigkeit hervor und steigern sich zu permanenter Bedrängnis, die ihn nicht mehr klar denken lassen. Martin grübelt immerzu, doch seine Überlegungen drehen sich seit Längerem im Kreis: »Wie muss ich mich verhalten, dass ich Gott milde stimmen kann und dass er mich nach meinem Tod zu sich nimmt? Welches Opfer kann ich erbringen, damit meine Seele gerettet wird?

Reicht es wirklich aus, Gott mit Beichten, Beten und Fasten zu dienen? Muss nicht mein ganzes Leben ein einziger Dienst für Gott sein?«

Von seiner inneren Unruhe getrieben, sucht er in Büchern anerkannter Männer und berühmter Gelehrter nach Antworten auf seine Fragen, kann sie aber dort nicht finden – auch nach langem Suchen nicht. Martin hofft, wenigstens durch die bald beginnenden juristischen Vorlesungen in seiner Auseinandersetzung voran zu kommen. Doch von Tag zu Tag fühlt er sich mehr zerrissen: »Nur für Gott leben, ist etwas anderes als die Ausübung der Rechtsprechung. Sie hat nichts mit Gott zu tun, denn sie kann vor ihm nicht bestehen. Die Rechtsgelehrten machen Fehler und sind auch auf Vergebung angewiesen. Ihre Ergebnisse sind unsicher und zufällig. Mit Gewissheit und Gewissen haben die Juristen wenig zu tun.«

Weil Martin dieser innere Konflikt über alle Maßen quält und er nicht weiß, was er machen soll, liest er immer häufiger in der Bibel. Dabei gehen ihm wilde Gedanken durch den Kopf: »Gott ist übermächtig. Niemand kann über seine eigenen Gedanken frei und voll verfügen. Auch ich nicht. Ich muss ihm gegenüber aufrichtig sein und perfekt funktionieren. Ich werde mein Leben verändern. Vielleicht kann ich Gott beeindrucken, wenn ich in die Einsamkeit des Klosters gehe. Es ist ja nicht unüblich, dass Männer wie ich auf Frau und Kinder verzichten und in eines der zahlreichen Kloster Erfurts eintreten. Wenn ich meine Eltern und Freunde verlasse, in der Mönchskutte nach strengen Regeln lebe und viele Strapazen auf mich nehme, wird mich Gott für meine Mühen belohnen.«

Über Wochen ist Martin hin und her gerissen. Was soll

er nur tun? Einerseits kann er seine Zweifel und Bedenken nicht einfach so beiseite schieben. Sie beschäftigen ihn viel zu viel. Andererseits ist sein weiterer Weg vorgezeichnet. Die Pläne seines Vaters stehen fest und lassen sich nicht ohne Weiteres durchkreuzen. Soviel Gehorsam ist er ihm schuldig. Der Vater würde toben und außer sich sein vor Wut und Unverständnis, schließlich hat er bisher viel investiert und all seine Hoffnungen in ihn gesteckt. Er wird verbittern, wenn seine Pläne durchkreuzt werden.

*

In den ersten Julitagen desselben Jahres ist Martin im Erfurter Umland unterwegs – einige Kilometer hat er bereits zu Fuß auf staubigen Straßen und Waldwegen zurückgelegt. Drückende Schwüle macht ihm zu schaffen. Noch knapp zwei Stunden wird es dauern, bis er in der Stadt ankommt. Plötzlich legt sich eine beklemmende Stille über die Felder und Äcker. Die Sonne wird trüb und eine dunkle Wolkenwand zieht herauf. Stoßweise treibt der Wind durch das Getreide und drückt die Halme nieder. Auch stärkere Äste und kleinere Bäume am Wegrand müssen der Wucht des Windes weichen und biegen sich – manche bis sie brechen. Immer schneller treiben Wolken heran, die jetzt schon fast schwarz sind.

Martin kämpft mit aller Kraft gegen die Windböen an. Vielleicht kann er in dem vor ihm liegenden Dorf Unterschlupf und Schutz finden. Es muss Stotternheim sein. Dann bricht der Sturm mit voller Gewalt los, die Wolken verdunkeln die Landschaft und ziehen so tief an ihm vorbei, dass er den Eindruck hat, sie berühren die Baumkronen. Immer wieder erhellen Blitze das Dunkel für kurze Augenblicke, gefolgt von dröhnendem Donner. Blendendes Licht, Dunkelheit, die alles nur schemenhaft erkennen lässt, und tosendes Krachen wechseln sich ab. Große Regentropfen prasseln auf ihn herab und trommeln auf seinen Kopf. In wenigen Sekunden ist Martins Gewand durchnässt. Angst und Schrecken umfangen ihn. Das Gewitter scheint sich unmittelbar über ihm auszutoben. Dann stürzt er zu Boden, ob er über einen Stein stolpert oder ob ihn ein heftiger Blitzschlag in die Knie zwingt, kann er nicht genau sagen. Aber einen stechenden Schmerz spürt er in seinem linken Bein. Erschöpft und Angst durchflutet bleibt er liegen. Es scheint als greife jemand nach ihm, erreiche ihn jedoch nicht. In die Dunkelheit hinein fleht er verzweifelt: »Hilf mir, Heilige Anna! Ich will ein Mönch werden …«

Heut seht ihr mich zum letzten Mal – Abschied von Freunden

Die Blitze verfehlen Martin. Er trägt nur einige kleinere Blessuren davon, die schon nach wenigen Tagen nicht mehr zu sehen sind. Ihn überkommt ein Gefühl tiefer Dankbarkeit und Ehrfurcht, immer wenn er sich daran erinnert. Je mehr er über dieses Erlebnis im Sommergewitter nachdenkt, desto klarer wird ihm: »Ich habe die Gegenwart Gottes am eigenen Leib gespürt. Jetzt kann ich nicht so tun als sei nichts gewesen: Der Himmel selbst ruft mich ins Kloster.«

Er unterbricht seine Gedanken kurz, dann sagt er laut und vernehmlich: »Ich bin bereit.«

Seine Zweifel und Bedenken, die ihn seit Wochen umtreiben, fallen mehr und mehr von ihm ab. Er fühlt sich befreit und erleichtert: Sein bisheriges Leben, das sein Vater für ihn geplant hat, wird er hinter sich lassen und dem Weg Gottes folgen.

Wenige Tage später erzählt Martin seinen Freunden, was er vorhat und verkauft fast alle seine Bücher – auch das Gesetzbuch, das ihm sein Vater geschenkt hat. Von diesem Geld lässt er ein herrliches Abschiedsessen richten: Tauben, Fisch und Wildvögel, dazu Starkbier und Wein. Er sorgt für Musik, Frauen und gute Unterhaltung – es soll an nichts fehlen, denn er will noch einmal mit den Freunden feiern. Ausgelassen und fröhlich soll es werden, ungetrübt und heiter will er diesen Abend erleben – der letzte, den er ohne eine Mönchskutte verbringt. Für immer.

»Seid willkommen«, ruft er ihnen schon an der Tür zu. »Feiert mit mir!« Konrad, Crotus und einige andere grüßen freudig zurück und treten dann ein. Insgeheim hoffen sie, ihren Freund von seinem Vorhaben abhalten und doch umstimmen zu können. Es ist ihre letzte Chance. Als sich alle an den reichlichen Speisen bedient und sich satt gegessen haben, ergreift Konrad das Wort. »Martin«, ... redet er seinen Freund an und in seiner Stimme schwingt ein Ton, der erkennen lässt, dass er etwas Wichtiges zu sagen hat. »Deine Entscheidung kommt für uns alle sehr überraschend. Wir verstehen dich nicht. Nie hast du davon gesprochen. Überlege es dir doch noch einmal, wir ...«

»Nein, sprich nicht weiter«, unterbricht ihn der Angesprochene, »ich weiß genau, was du sagen willst.« An alle gewandt fährt Martin fort: »Ihr versucht mich seit Tagen umzustimmen. Es gibt keinen Zweifel, mein Entschluss steht fest. Ich habe schon beim Vorsteher des Augustinerklosters angefragt.«

Crotus fällt ihm ungeduldig ins Wort. »Es ist nicht zu spät. So sei doch vernünftig.«

Forsch erwidert Martin: »Es ist doch nichts Ungewöhnliches daran. Schau auf die Straßen und Gassen. Es gibt fast zwei Dutzend verschiedene Orden in Erfurt. Auf jedem Platz und an jeder Ecke kannst du Nonnen und Mönche beobachten. Ich habe der Heiligen Anna ein Versprechen gegeben. Und daran muss ich mich halten.«

Konrad schaltet sich wieder ins Gespräch ein: »Du hast auf dem Feld spontan geredet. Noch dazu hattest du Angst, weil du den Tod vor Augen sahst. Was du versprochen hast, ist nicht gültig und verbindlich. Das wird dir jeder hier bestätigen.«

Die Umsitzenden nicken eifrig und pflichten dem Gesagten ohne Worte bei.

Martin winkt ab, fast zornig sagt er: »Seid still! Ich habe einer Heiligen mein Versprechen gegeben. Ich bin an mein Wort gebunden, ich kann es nicht brechen. Egal wann und unter welchen Umständen ich es gesagt habe. Es macht keinen Unterschied. Die Umstände ändern doch nichts an der Tatsache.«

Da startet Crotus einen Angriff auf die vielleicht empfindlichste Stelle: »Was wird dein Vater sagen, wenn er davon erfährt?«

Doch Martin hat mit dieser Frage gerechnet: »Ich bin bereit, alles auf mich zu nehmen. Auch die Wut und das Toben meines Vaters. Denn es ist eine kleinere Last, den Zorn meines Vaters zu ertragen als die Strafe Gottes. Ich werde Gott gehorchen als meinem himmlischen Vater.«

Mit der Antwort unzufrieden, setzt Konrad ein weiteres Mal an: »Aber, du …«

Martin unterbricht ihn und erstickt dessen Absichten im Keim: »Jetzt lasst mich damit zufrieden. Ich will heute Abend nicht mehr grübeln, sondern mit euch feiern und fröhlich sein.«

Aber Konrad, Crotus und die anderen können sich mit dem Vorhaben ihres Freundes nicht abfinden. Ab und zu versucht einer von ihnen, das Gespräch wieder auf dieses Thema zu lenken. Jedoch ohne Erfolg. Erst spät am Abend geben sie auf – Musik und guter Wein haben Oberhand gewonnen – und sie sitzen noch eine ganze Weile ausgelassen beieinander.

Am kommenden Morgen begleiten seine Freunde Martin schweren Herzens an die Südpforte des Augustinerklosters in der Comthurgasse. Bei sich hat er nur das, was er am Leib trägt und einen kleinen Beutel mit einigen Habseligkeiten. Martins Schritt ist schnell und sein Blick zielstrebig. Konrad und Crotus haben die Hoffnung aufgegeben, doch sie wünschen sich nichts sehnlicher, als ihren Kameraden doch noch umstimmen zu können. Beide verabschieden sich von ihm mit einer herzlichen Umarmung. »Heute seht ihr mich zum letzten Mal! Lebt wohl«, sagt Martin. Dabei klingt er traurig und freudig zugleich. Dann klopft er an die Tür und dreht sich nicht mehr um.

Wenige Augenblicke später öffnet sich die Luke und der Pförtner wechselt einige Worte mit dem Neuankömmling. Konrad und Crotus stehen wie versteinert da. Mit Tränen in den Augen sehen sie, wie das Tor hinter ihrem Freund ins Schloss fällt.

*

»Ich wünsche, in dieses Kloster aufgenommen zu werden«, erklärt Martin dem Pförtner selbstsicher, als dieser ihn nach seinem Anliegen fragt.

»Ich erinnere mich. Du warst schon vor einigen Tagen hier und hast dich erkundigt«, erwidert der schwarz gekleidete Mönch freundlich. »Komm, ich bringe dich zu Prior Winand. Den Vorsteher unseres Klosters kennst du ja schon.«

Mit einer einladenden Handbewegung weist er den Weg und bringt ihn in dessen Studierstube.

»Vater Prior, hier ist jener junge Mann, der Novize unserer Gemeinschaft werden will«, kündigt der Pförtner Martin an und nimmt seinen Beutel entgegen, um ihn in der Zwischenzeit aufzubewahren.

»Sei gegrüßt«, entgegnet Winand förmlich. Er hat eine stattliche Figur und wirkt streng. »Begleite mich in die Kirche, dort werden wir gemeinsam beten. Du wirst eine umfassende Beichte ablegen, in der du mir über dein bisheriges Leben Auskunft gibst«, fordert er. Auf diese Weise prüft er vorschriftsmäßig, wie ernst es jedem Neuankömmling mit seinem Entschluss ist.

»Ja, Vater«, entgegnet sein Gegenüber und beide gehen durch den Kreuzgang in die Augustinerkirche. Im Chorraum fällt Martins Blick auf die lang gezogenen blau und rot gefärbten Glasfenster. Sie hellen den schlicht wirkenden Raum auf und machen ihn freundlicher. Auf einigen erkennt er den Heiligen Augustin und eine der wichtigsten Stationen seines Lebens – seine Bekehrung zu Gott: Augustin liegt unter einem Feigenbaum in der Sonne, als er eine Stimme hört, die ihm zuruft: »Nimm und lies.«

Widerwillig öffnet er das Neue Testament und stößt auf folgende Textstelle: »Lasst uns ehrbar leben – nicht in Fressen und Saufen, nicht in Unzucht, sondern zieht den Herrn Jesus Christus an.«

Daraufhin beschließt Augustinus, sein Leben grundlegend zu ändern. Beruf und Familie gibt er auf, lässt sich taufen und führt ein meditatives Leben. Später gründet er ein Kloster und wird sogar zum Bischof berufen in der nordafrikanischen Stadt Hippo Regius. Der Orden in Erfurt trägt seinen Namen und die Brüder leben nach der Regel, die auf ihn zurückgeht.

»Ich nehme dich in unsere Gemeinschaft auf. Willkommen«, erklärt der Prior, nachdem beide länger miteinander gesprochen haben. Er ist zufrieden mit dem, was sein neuer Novize sagt und wie er sich verhält. »In einem Jahr kannst du deine Gelübde ablegen, wenn du dich auf unser einfaches und schonungsloses Leben einlassen willst – für immer.«

Gemeinsam verlassen sie die Kirche und Winand gibt eine erste Anweisung: »Geh hinüber ins Gästehaus und wende dich an Bruder Christian. Er zeigt dir deine Unterkunft.«

»Jawohl«, antwortet Martin und findet den Gesuchten im Erdgeschoss. Dieser hat schon auf ihn gewartet. »Komm mit, ich zeige dir deine Zelle. Du wirst bei den anderen Novizen untergebracht sein.«

Auf einem langen Gang im Schlafbereich für Gäste und Novizen angekommen, öffnet Christian eine Tür und beide treten in die Zelle. Sie ist etwa fünf Schritt lang und drei Schritt breit. Durch das kleine Fenster fällt nur wenig Licht. Martin schaut sich um: Auf der linken Seite sieht er sein Bett mit Strohsack, Decke und Kissen. Rechts steht ein Tisch mit Schemel, darüber hängt ein Kruzifix. Eine Möglichkeit, den Raum zu heizen, gibt es nicht. »Wenn im Winter der Frost zu streng wird, kannst du dich nachts im Badehaus wärmen. Dort wird dann Feuer gemacht«, leiert der Leiter des Gästehauses gewohnheitsmäßig.

Und er fährt fort: »Hier darfst du keinen Mitbruder zu Besuch empfangen und mit keinem Menschen sprechen. Auch nicht mit dir selbst.«

Ohne eine Antwort abzuwarten, weist er Martin den Weg ins Treppenhaus: »Ich zeige dir das Klostergebäude.«

Als sie das Gebäude verlassen und in den Innenhof treten, huscht ein kleiner dicker Mönch an ihnen vorbei. Er ist trotz seiner Körperfülle flink und verschwindet mit einem frisch geschlachteten Huhn in der Küche. Aus dem Hals des Tieres tropft Blut auf die Erde und markiert den Weg. »Das ist der Küchenmeister. Er macht seinem Namen alle Ehre, wie du sehen kannst«, sagt Christian spöttisch und muss über seine eigene Bemerkung lachen.

»Er nimmt es mit dem Fasten wohl nicht so ernst?« fragt Martin.

»Der frisst von früh bis spät und uns hält er knapp. Du wirst später nicht so aussehen, keine Angst«, antwortet Christian mürrisch.

Gemeinsam gehen sie in den Ostflügel des Klosters. Dort befinden sich der Speiseraum und einige Wirtschaftszimmer. Im oberen Geschoss liegen die Zellen und Schlafsäle für die Brüder. Christian bleibt auf dem Flur stehen und erzählt stolz: »Das ist der älteste Teil des Klosters. Vor über 200 Jahren haben eine Handvoll Mönche mit dem Bau dieses Gebäudes begonnen. Dann errichteten sie weitere Wohn- und Wirtschaftshäuser und zuletzt unsere Kirche. Nach und nach kauften sie weitere Grundstücke in Erfurt und den umliegenden Orten. Wir zählen mittlerweile zu den größten Gemeinschaften in der Gegend. 52 Brüder leben heute bei uns. Du wirst sie schnell kennen lernen.«

Im Weitergehen erläutert der Mönch: »Die Bürger der Stadt mögen uns. Wir stehen hoch in ihrem Ansehen. Viele nehmen an unseren Messen teil. Einige von ihnen wollen sogar in unserer Kirche bestattet werden. Das liegt auch daran, dass wir die Ordensregeln strenger auslegen als andere.«

Langsam geht Christian weiter. Er öffnet die Tür zum

Kapitelsaal: »Hier treffen wir uns jeden Tag zu unseren Versammlungen, aber auch bei besonderen Anlässen.«

In der Mitte des Raumes ragt aus einem Sockel ein massiver achteckiger Pfeiler empor. Auf ihm ruhen vier Kreuzrippengewölbe, die sich jeweils bis zur Wand ziehen. Die Schlusssteine haben die Form eines großen Tellers. Sie sind mit Blättern und Zweigen verziert. Bänke und Stühle, aber auch ein kleiner Altar füllen den Raum aus.

»Jetzt kennst du die wichtigsten Räume«, sagt Christian zum Abschluss. »Den Beutel mit deinen Sachen verstaue ich. Wenn du es dir in den nächsten Monaten anders überlegst und wieder gehst, bekommst du alles zurück. Ich schreibe genau auf, was dir gehört.«

Er geht zurück an seine Arbeit. Martin bleibt noch einen Moment am Fenster stehen und schaut in den Garten.

*

Für Martins Aufnahmezeremonie finden sich alle Mönche im Kapitelsaal ein. Während seine künftigen Mitbrüder Choräle singen, legt er die bisherige Kleidung ab und zieht sein Novizengewand an. Dann bekommt er die Haare so geschnitten und rasiert, dass an seinem Hinterkopf eine kahle Fläche entsteht. Nur an den Seiten bleibt ein Kranz übrig, der drei Finger breit ist. An dieser Mönchskrone erkennt jeder, dass er sich Gott übereignet hat. Martin sieht an sich herab – mit Stolz und Würde wird er diese Tracht tragen.

Äußerlich derart verändert, wird er Bruder Johann anvertraut, einem älteren klein gewachsenen Mann. Er ist der Novizenmeister und verantwortlich für die Neuankömmlinge während ihres ersten Jahres in der Gemeinschaft. Er unterweist sie in den Regeln des Klosterlebens, führt sie in die Ordnung der Gottesdienste ein und erklärt ihnen die Zeichen, mit denen sie sich während der Schweigezeiten verständigen. Selbstverständlich kontrolliert der Novizenmeister auch, dass seine Schützlinge den Tagesablauf strikt einhalten und keine Verpflichtung verpassen. Für Versäumnisse und Fehler tadelt er sie, wenn es sein muss, straft er hart. Sein Gesicht ist vom Leben gezeichnet und er wirkt erschöpft, doch er hat ein freundliches Gemüt.

Johann erläutert seinem neuen Novizen die wichtigsten Regeln, an die er sich von nun an zu halten hat: »Sprich mit anderen nie ohne meine Erlaubnis und immer nur mit gedämpfter Stimme.«

Er legt seine Hand auf Martins Schulter und fährt fort: »Denke nichts Schlechtes von deinen Mitbrüdern. Und ertrage es geduldig, wenn dir jemand Unrecht tut. Es wird schwer für dich sein, die strengen Regeln unserer Gemeinschaft zu befolgen. Doch gib nicht so schnell auf. Nur wenn du durchhältst, wirst du dein Ziel erreichen.«

*

Das Läuten der Glocke reißt Martin aus einem tiefen Schlaf. Es ist drei Uhr nachts – nur wenige Stunden sind seit dem letzten Gebet vergangen. Als der Klang verhallt, schläft er sofort wieder ein. Wenig später klopft Bruder Johann an seiner Zellentür. Müde aber pflichtbewusst erhebt sich Martin von seinem Bett und begibt sich in die Kirche. Während er geht, steckt er die Hände in die Kuttenärmel und verschränkt sie vor seinem Körper. Sein Nacken ist gebeugt. Am Portal bekreuzigt er sich mit Weihwasser und durchschreitet das Kirchenschiff. Am Hochaltar kniet er nieder und setzt sich auf einen Platz, der für Novizen vorgesehen ist. Neben sich sieht er Andreas und Matthias, die einige Wochen vor ihm aufgenommen wurden. Auch ihnen merkt man die Müdigkeit an.

Den ersten Psalm spricht Martin aufmerksam mit. Während des stillen Gebetes, das jeder für sich allein verrichtet, überfällt ihn die Schläfrigkeit. Obwohl er gegen sie ankämpft, nickt er ein. Erst der Gesang des Abschlussliedes weckt ihn wieder auf. Er erschrickt über sich selbst. Bruder Johann bleibt dieses Missgeschick nicht verborgen – er ermahnt ihn streng, als beide nach draußen gehen. Und er gibt ihm weitere Anweisungen: »Wenn du dich bei einem Gebet versprichst, berühre mit der Hand den Boden und schlage dir beim Aufrichten an die Brust. So zeigst du, dass dir dieser Fehler herzlich leid tut. Sonst muss ich dich bestrafen.«

Gemeinsam ziehen die Mönche von der Kirche durch den Kreuzgang in den Kapitelsaal. Dort hören sie einen Abschnitt aus der Bibel und sollen nun ihre Schuld bekennen: Auf Geheiß des Priors werfen sie sich zu Boden. Als dieser fragt: »Was sagt ihr?«, antworten alle gleichzeitig: »Es ist meine Schuld.«

Dann dürfen sie sich erheben und jeder bekennt nacheinander öffentlich, in welcher Weise er gegen die Regel des Ordens verstoßen hat. Bruder Christian erklärt sachlich: »Vater, ich habe versehentlich einen Trinkbecher zerbrochen.«

»Du hast einen großen Schaden angerichtet«, sagt Winand streng. »Um ihn wiedergutzumachen, betest du fünf Psalmen.« Der Angesprochene erwidert routiniert: »Jawohl« und schaut schuldbewusst auf den Boden, wie es von ihm verlangt wird.

Gregor, ein jüngerer Bruder, gesteht reumütig: »Vater Prior, ich habe kurz mit einer Frau gesprochen. Es tut mir von Herzen leid.«

Mit ernstem Blick tadelt ihn der Klostervorsteher: »Du hast ein großes Vergehen begangen. Ich kann nicht ausschließen, dass du sie begehrst und verführerisch angesehen hast. Zur Strafe wirst du in den nächsten drei Tagen fasten und auf der Erde schlafen.« Gregor antwortet: »Danke, Vater!« Dabei wirkt er erleichtert. Schlimmstenfalls hätte er zusätzlich drei Rutenhiebe bekommen. Sie bleiben ihm erspart, weil er von sich aus bereut und nicht durch einen anderen darauf hingewiesen werden musste.

Der Prior beendet die Versammlung und jeder beginnt mit seinem Tagwerk. Martin verrichtet praktische Arbeiten – er kehrt und schrubbt die Flure im Gästehaus, säubert den Kreuzgang und reinigt den Innenhof. Dabei überkommt ihn immer wieder ein starkes Hungergefühl. Er ermahnt sich, geduldig zu sein, denn die erste Mahlzeit wird er erst gegen halb eins einnehmen. So schreibt es die Ordensregel vor.

Um Kraft zu schöpfen, legt Martin eine kleine Pause ein und setzt sich für ein paar Minuten auf die Treppe, die zum Laubengang des Gästehauses und des Hospizes führt. Der allgegenwärtige Johann beobachtet ihn dabei und sagt mitfühlend: »Sei unbesorgt, dein Körper wird sich an den Rhythmus und die Einschränkung noch gewöhnen. Jetzt konzentriere dich wieder auf deine Aufgabe, du hast hier noch viel zu tun. Später wirst du auf den Gassen und in den Häusern der Stadt um Gaben und Geld betteln.«

Jetzt klingt er fordernd und streng. Martin steht sofort auf und antwortet: »Ja, Vater. Wer wird mit mir gehen? Matthias, Gregor oder …«

Sein Novizenmeister unterbricht ihn und erklärt mit Nachdruck: »Niemand wird dich begleiten. Du bettelst allein.« Er wendet sich von ihm ab und geht. Johann will prüfen, wie demütig sein neuer Novize ist. Auf keinen Fall soll Martin den Eindruck haben, seine hervorragende Bildung und die Herkunft aus einer wohlhabenden Familie stellen ihn über die anderen. Er wird behandelt wie jeder andere auch.

Martin ist überrascht, denn es ist üblich zu zweit zu gehen, manchmal sogar zu dritt. Doch er kann weder nachfragen noch widersprechen. Deshalb ruft er gehorsam »jawohl« in Johanns Richtung und begibt sich wieder an seine Arbeit. Mittlerweile ist ihm übel vor Hunger.

Nach dem Mittagsgebet versammeln sich die Brüder vor dem Speisesaal und warten, bis Prior Winand das Zeichen zum Eintreten gibt. Nach einigen Minuten öffnet der Klostervorsteher die Tür und winkt alle hinein. Schweigend geht jeder an seinen Platz. Erwartungsvoll blicken Einzelne in die Terrinen, sehen eine wässrige Gemüsesuppe ohne Fleisch und wissen, dass die Portionen knapp bemessen sind – wie an jedem Freitag, dem wöchentlichen Fastentag. Die Novizen sind enttäuscht, versuchen sich aber nichts anmerken zu lassen. Über das Jahr verteilt müssen die Mönche an über 100 Tagen auf einen großen Teil ihrer Speisen verzichten – wie es in der Ordensregel steht: »Zähmt euern Körper mit Enthaltsamkeit von Essen und Trinken, wenn es eure Gesundheit zulässt.«

Während des Essens lässt Martin seinen Blick über die

beiden großen Tische des Speisesaals schweifen. Er sieht, wie Gregor, den der Prior mit Hunger straft, gierig auf die Teller und Schüsseln starrt. Die anderen essen hastig und so viel wie möglich, denn am Abend wird es nur ein leichtes Bier und etwas Salzbrot geben. Unwillkürlich denkt Martin an die Versorgung in der Studentenunterkunft – sie war üppig und abwechslungsreich.

Obwohl sein Magen rebelliert, ist er froh über den Verzicht auf Nahrung. Denn er lernt nicht nur, seinen Körper besser zu beherrschen, sondern erbringt auch eine gute Leistung, für die ihn Gott belohnen wird. Er kann so einige Fehler ausgleichen. Das zu wissen, beruhigt ihn – er hungert sich die Seele frei von seinen Vergehen.

Nach dem Essen geht er in seine Zelle. Im gesamten Kloster herrscht für die nächsten Stunden ein absolutes Schweigegebot. Er gibt einem inneren Impuls nach und gönnt seinem müden Körper etwas Ruhe, bevor er in den Häusern um Geld und Naturalien bittet.

Das Betteln fällt ihm schwer, vor allem weil er allein unterwegs ist. Er ist wenig erfolgreich. Der Orden käme auch ohne die Gaben aus, die er mitbringt. Doch diese Aufgabe soll ihm zeigen, dass er auf die Hilfe anderer angewiesen ist.

*

Einige Wochen nachdem er als Novize in den Orden aufgenommen wurde, schreibt Martin einen Brief an seinen Vater. Er will ihn über seine Entscheidung unterrichten und seine Zustimmung erhalten. Bisher hatte er noch keine Gelegenheit dazu – wenn er ehrlich zu sich selbst ist, fehlte ihm auch der Mut dazu. Hans' Antwort trifft kurz darauf in Erfurt ein. Er teilt seinem Sohn mit: »Der Teufel ist am Werk. Er hat dich in dieses Kloster getrieben, nicht Gott. Dabei hat er dir gleich die Vernunft und deinen Verstand geraubt. Du handelst eigenmächtig und verstößt gegen die Zehn Gebote. Dort steht, dass du deinen Vater und deine Mutter ehren sollst. Ich entziehe dir meine väterliche Gunst und Treue, weil du dich selbst von diesem Gehorsam entbindest und mich und deine liebe Mutter in unserem Alter verlässt, in dem wir deine Hilfe nötig brauchen. Von mir brauchst du keine Hilfe mehr erwarten.«

Martin zittert die Hand, als er diese Zeilen liest, und er legt den Brief auf den Tisch in seiner Zelle. Er hatte nicht damit gerechnet, dass sein Vater vor Freude jubelt, doch diese Härte erschreckt ihn. In jedem der Worte spürt er den väterlichen Zorn. »Dass er mich wieder mit ›du‹ anredet, ist das Geringste«, erkennt er. Martin findet keine Ruhe und weiß nicht, was er tun soll. Immer wieder überlegt er hin und her: »Ich muss mich anscheinend damit abfinden, dass sich meine Familie von mir lossagt und mein Vater mit mir bricht – ich kann es aber nicht.«

Nervös geht er umher, schaut aus dem Fenster und grübelt: »Ich verehre meinen Vater, empfinde tiefen Respekt und Liebe für ihn und die Mutter. Trotzdem muss ich an meinem Vorsatz festhalten. Ich kann ihm doch mit meinem jetzigen Leben mehr dienen, als wenn ich einem Beruf nachgehe.«

Erst viele Wochen später trifft wieder ein Brief aus Mansfeld in Erfurt ein. Martin freut sich, als er liest, dass sein Vater jetzt mit seinem Schritt einverstanden ist: »Gott gebe, dass es wohl gerate«, schreibt er. Der Tod zweier Geschwister trifft Hans schwer. Er will jetzt nicht auch noch seinen ältesten Sohn verlieren, deshalb zeigt er sich versöhnlich.

Um seinen Pflichten nachzukommen, geht Martin später in die Bibliothek und arbeitet. Er greift sich seine lateinische Bibel mit einem roten Ledereinband und schlägt einen Brief des Apostels Paulus auf. Neben ihm blättert Matthias in verschiedenen Büchern, in denen Passagen der Bibel erklärt und ausgelegt werden. Martin beschäftigt sich intensiv mit den Schriften des Alten und Neuen Testaments, er saugt die Worte in sich auf und versucht, sich so viele Verse wie möglich einzuprägen. Im Gegensatz zu seinen Mitnovizen liest und durchdenkt er die Worte über mehrere Stunden – weit über das normale Maß hinaus.

Gegen Abend verlässt er gemeinsam mit Matthias die Bibliothek. Auf dem Weg durch den Innenhof in den Speisesaal unterhalten sie sich. »Deine Wangen sind eingefallen. Du hast deine Probezeit noch nicht hinter dir und siehst schon abgemagert aus«, spricht ihn Matthias an. Besorgt erkundigt er sich: »Bruder, was ist los?«

Fast stolz über seine Leistung und überzeugt, das Richtige zu tun, sagt der Angesprochene: »Ich faste zusätzlich. In den vergangenen drei Tagen habe ich keinen Bissen zu mir genommen und keinen Tropfen Wasser getrunken. Erst morgen werde ich wieder essen. Der Heilige Augustin befiehlt es in seinen Vorschriften so.«

»Gib Acht auf dich«, antwortet Matthias besorgt. »Ich faste nur so, wie es die anderen auch machen. Das ist schon schwer genug. Niemand hier legt die Regeln unseres Ordensgründers so streng aus wie du. Augustin fordert nicht, dass du dich selbst gefährdest.«

*

Martin blickt sich um. Er muss dringend mit seinem Novizenmeister sprechen, kann ihn aber nirgends finden. Der Gesuchte ist weder in der Bibliothek noch im Innenhof, auch auf den Gängen im Schlafbereich fehlt von ihm jede Spur. Als er sich vor dem Gästehaus bei Bruder Christian nach ihm erkundigt, antwortet dieser: »Ich habe vorhin gesehen, dass er in den Garten lief. Er kam bisher noch nicht zurück. Sicher kannst du ihn dort antreffen.«

Ungeduldig will Martin loshetzen, zügelt sich jedoch und geht langsam in die gewiesene Richtung. Tatsächlich sieht er Johann auf der Wiese zwischen den Obstbäumen an einem der vierzehn Bienenvölker arbeiten. Er bleibt hinter einem Apfelbaum stehen. Von dort aus beobachtet er die Szene: Behutsam hebt Johann einen Strohkorb an und legt ihn auf die Seite. Die Bienen stieben in die Luft. Sie wollen den Eindringling mit ihrem schmerzhaften Gift vertreiben. Aus langjähriger Erfahrung weiß Johann, was zu tun ist: Er hält einen glimmenden Halm in die Freiräume zwischen den Wachsreihen, um die Tiere mit Qualm zu beruhigen. Trotz seiner Bemühung wird er in die Innenseite seiner Hand gestochen. Doch daran ist er schon gewöhnt. Um sich Linderung zu verschaffen, entfernt er routiniert den Stachel und reibt mehrfach über die Einstichstelle, damit sich das Gift besser verteilen kann.

Dann schneidet Johann mit einer scharfen Klinge einige tellergroße Wachsfladen heraus. Die Zellen sind bis an den Rand gefüllt. Als das Sonnenlicht auf sie fällt, schimmert der Honig goldgelb. Johann erfüllt dieser Anblick mit Freude. Er legt die Stücke nebeneinander in eine große runde Tonschale.

Später, wenn er auch die anderen Körbe kontrolliert und weitere Stücke herausgetrennt hat, wird er das Wachs mit seinen Händen zerdrücken und auf diese Weise die wohlschmeckende und begehrte Kostbarkeit gewinnen. Aus dem Wachs stellt er Kerzen her, die auf den Altarleuchtern in der Kirche stehen werden.

Johann scheint zufrieden zu sein mit seiner Ausbeute und stellt den Korb wieder an seinen Platz auf der Holzablage. Als er den nächsten anheben will, ruft Martin laut: »Vater, verzeiht, dass ich euch bei der Arbeit unterbreche. Ich möchte beichten.«

Erst in diesem Moment bemerkt Johann, dass er nicht allein mit den Bienen ist. Schroff bemerkt er: »Du warst erst gestern bei mir, um deine Sünden zu bekennen.«

»Ich weiß«, entgegnet sein Novize. »Doch ich habe von Neuem gesündigt.«

Die Gewissenhaftigkeit und Gründlichkeit seines Schützlings überrascht Johann nicht mehr, denn seit einiger Zeit beichtet er ihm fast jeden Tag. Er ist von seiner Ausdauer ermüdet und reagiert unfreundlich: »Du übertreibst etwas! Die anderen muss ich viele Male ermahnen. Dich muss ich bremsen. So etwas kommt selten vor.«

Martin lässt sich nicht einschüchtern und antwortet beharrlich: »Ich kann mich nicht satt beichten.«

Sein Novizenmeister wirft einen prüfenden Blick auf die Körbe und seufzt dann: »Komm her zu mir.«

Johann versucht, geduldig zu klingen, dabei einladend

und freundlich zu wirken. Er schneidet ein kleines Stück vom Wachsfladen ab: »Hier hast du etwas. Es wird dir schmecken.«

Während Martin auf dem weichen Wachs kaut und die zähflüssige Masse auf seiner Zungen zerfließt, säubert Johann seine Hände im Wasserbottich. Er sammelt mit den Fingern vorsichtig einige Bienen von der Kutte und wirft sie in die Luft. Als er zurückkommt, wird er mit einer Bitte überfallen: »Straft mich hart, ich muss Genugtuung leisten.«

»Du bist zu hart mit dir selbst«, erwidert sein Novizenmeister. »Sobald dir etwas einfällt, läufst du zum Beichtstuhl und berichtest mir oder dem Vater Prior von deinen Vergehen. Kürzlich hast du ungefähr sechs Stunden gebeichtet. Manchmal kommst du gleich nach wenigen Minuten zurück, weil du etwas vergessen hast.«

Martin spuckt die kleinen Wachsbrocken auf die Erde. »Nur wenn ich alles sage und den Hergang genau aufzähle«, erklärt er, »kann ich Vergebung bekommen. Um ganz sicher zu sein, dass ich auch wirklich nichts vergessen habe, wiederhole ich meine Beichte lieber. Erst wenn ich mein Leben bis in den letzten Winkel meiner Seele entblößt habe, bin ich getröstet.«

»Du bist eifrig. Und eigentlich sollte ich froh über dich sein«, entgegnet Johann. »Doch bedenke, dass du Gott nicht allein mit deinen Bußleistungen überzeugen kannst. In gleicher Weise darfst du auf seine Barmherzigkeit hoffen. Vertraue auf Gott, denn seine Vergebung ist genauso wichtig, wie deine Leistung. Vergiss das nicht.«

Martin duckt sich, bevor er etwas sagen kann, um einer Biene auszuweichen, die plötzlich vor seinem Gesicht schwirrt. Johann schmunzelt über das ängstliche Verhalten seines Novizen und fährt fort: »Wenn du versuchst, alle Vorschriften einzuhalten, dich fast zu Tode hungerst und Rosenkränze betest bis dir die Finger bluten, zweifelst du so sehr an Gottes Fürsorge und Gnade, dass du dich zu einem Sünder machst, für den es keine Gnade mehr gibt.«

Johann hält kurz inne, dann erklärt er: »Deine Sünde ist nicht so groß, dass Gott sie dir nicht verzeihen wird. Die Beichte soll dich erleichtern und dir die Gewissheit verschaffen, dass du angenommen bist. Sie will dich nicht noch mehr quälen.«

»Es fällt mir schwer«, bricht es aus Martin heraus. Johann nickt ihm ermutigend zu: »Hab Geduld mit dir selbst.«

Um ihn abzulenken, fordert er: »Hilf mir bei der Arbeit. Bring das Behältnis mit dem kostbaren Gut in die Küche und decke es mit einem Tuch ab, damit kein Dreck darauf fällt. Dann komm zurück. Es gibt hier im Garten noch viel zu tun. Wenn wir fertig sind, kannst du beichten – falls du dann immer noch das Bedürfnis dazu haben solltest«, setzt er nach.

Martin entgegnet: »Nein. Ich werde erst in der nächsten Woche wiederkommen, wie die anderen auch.«

Ich werde bleiben! – Das feierliche Gelübde

Der Kapitelsaal ist bis auf den letzten Platz gefüllt. Gespannt warten die Brüder auf den Beginn der Zeremonie. Die Glocken beginnen zu läuten. Alle erheben sich von ihren Plätzen und richten ihre Blicke auf die Tür. Johann führt den Novizen herein, der ihm inzwischen ans Herz gewachsen ist. Beide ziehen durch den Mittelgang und bleiben vor den Stufen des Altars stehen. Seine Mitbrüder setzen sich, Martin kniet nieder. Mit gesenktem Haupt hört er, was der Prior sagt: »Seit einem Jahr lebst du jetzt bei uns. Heute ist deine Probezeit vorüber. Du hast unser strenges Klosterleben kennen gelernt. Heute musst du dich entscheiden, ob du aus unserer Gemeinschaft wieder austreten oder für immer bei uns bleiben willst.«

Winand hält inne und wartet auf die Antwort. Martins Entschluss steht fest. Ohne Zögern antwortet er laut, bis in die letzten Reihen hörbar: »Vater, ich werde bleiben!«

Enthusiastisch stimmt der Vorsänger den Gesang »Großer Vater Augustin« an. Während allmählich alle einstimmen, legt der Prior Martin seine neue Ordenstracht an. Zuerst zieht er ihm ein weißes Hemd und eine Tunika über, dann eine schwarze Kutte mit Kapuze. Zum Abschluss bindet er ihm den Gürtel um. Das Ausziehen der alten Kleidung und das Anlegen seines neuen Gewandes ist der wichtigste Augenblick der Feier, denn er symbolisiert, dass

Gott ihn zu einem anderen Menschen macht. Wie bei seiner Taufe ist er jetzt wieder rein und unschuldig. Für Martin ist es ein erhebender Moment.

Mit seiner neuen Tracht legt er sich flach auf den Boden, streckt seine Arme weit von sich und presst die Stirn auf die Erde, so dass er die Form eines Kreuzes bildet. Er legt sein Gelübde mit fester Stimme ab: »Ich werde Gott und meinem Prior gehorsam sei. Ich will auf ein persönliches Eigentum verzichten und keusch leben – bis ich sterbe!«

Als sich Martin wieder erhebt, ist er wie benommen. Winand deutet durch eine Handbewegung an, dass er und seine Mitbrüder ihm folgen sollen. Mit Kerzen und Gesängen ziehen sie in einer feierlichen Prozession durch den Kreuzgang in den Chorraum der Kirche. Während die Mönche ihre Plätze aufsuchen, kniet Martin vor dem Hochaltar nieder und fleht: »Nimm mich auf, Herr, wie du es versprochen hast. Und ich werde leben.«

Zwei Mal wiederholt er seine Bitte. Wie mit einer Stimme antworten die Mönche: »Und du wirst meine Erwartung nicht enttäuschen.«

Segnend spricht nun der Klostervorsteher ihm zu: »Möge Gott dir nach deinem Tod den Lohn für deine Leistung auf Erden geben und dir das ewige Leben schenken.«

Martin murmelt vor sich hin: »Ja, das bitte ich. Nur das möchte ich haben.«

Zum Abschluss erhält er den Kuss des Friedens und wird zu seinem neuen Platz im Chorraum geleitet. Ab jetzt sitzt er zwischen den älteren Brüdern, die ihr Gelübde allerdings schon vor langer Zeit abgelegt haben.

Sein ehemaliger Novizenmeister gratuliert nach der Zeremonie zuerst. Beide umarmen sich herzlich, dann sagt

Johann: »Willkommen. Ich bin froh, dass du jetzt ganz zu uns gehörst.«

Matthias, der neben ihm in der Bibliothek sitzt und bereits vor einigen Monaten sein Gelübde abgelegt hat, fällt ihm um den Hals: »Ich freue mich für dich. Wir werden auch weiterhin zusammenhalten.«

Ähnlich beglückwünschen ihn die anderen Mitnovizen.

Martin ist völlig überwältigt von der Atmosphäre und der liebevollen Anteilnahme seiner Mitbrüder: »Sie sind meine Freunde. Mit ihnen kann ich mich austauschen und Fragen des Glaubens diskutieren.«

Am Abend liegt Martin zum ersten Mal auf dem Strohsack in seiner neuen Zelle im Schlafbereich der Brüder, die wie er auf Lebenszeit in den Orden aufgenommen sind. Es gibt kein Zurück mehr. Der heutige Tag wird sein weiteres Leben verändern. Mit seinen Gebeten und Gesängen, mit einem einfachen und harten Lebensstil wird er zukünftig Gott dienen. Je strenger er mit sich selbst ist, desto größer wird auch Gottes Erbarmen sein. Er wird auf vieles verzichten müssen, das ist ihm gewiss.

*

»Zwei Priester sind schon vor längerer Zeit gestorben. Wir brauchen jemanden, der nachrückt und die Älteren unterstützt.«

Das übliche Gemurmel verstummt, als Prior Winand in der Versammlung der Brüder dieses Thema anspricht. Andreas stößt seinen Freund Georg verheißungsvoll in die Seite. Alle sind neugierig, wen der Klostervorsteher ausgewählt hat und welchen Namen er jetzt nennt. Jeder hofft, dass die Wahl auf ihn fallen wird. Denn dieses Amt hebt ihn von den anderen ab. Priester genießen bei allen Bewohnern der Stadt hohes Ansehen. Es ist auch ein bedeutender Schritt, eine Funktion in der Klosterleitung zu übernehmen und in der Hierarchie aufzusteigen.

Wie gebannt schauen alle auf Winands Lippen. »Bruder Martin wird sich für uns auf das Priesteramt vorbereiten ...«

Bevor er zu Ende reden kann, kommentieren einzelne Brüder diese Mitteilung mit »hoch lebe Martin« und freuen sich für ihn. Aus einer Ecke jedoch tönt es erstaunt, fast entsetzt: »Oh nein!«

Am meisten überrascht ist Martin. Der Klostervorsteher hatte zwar vorher eine vage Andeutung gemacht, aber nicht konkret mit ihm gesprochen. »Ich? Jetzt schon?«, schießt es ihm durch den Kopf. »Vater, Prior, ...« stammelt er, denn er weiß nicht, was er sagen soll.

Winand hat diesen Einwurf nicht gehört und kommentiert seine Entscheidung: »Martin ist ein guter Kandidat für uns.«

Wieder drücken etliche ihre Verwunderung oder ihre Begeisterung laut aus. Winand übergeht diese Äußerungen und fährt in seiner Rede fort: »Ich habe mit dem Ordensoberen für unsere Provinz, Johann von Staupitz, gesprochen. Er stimmt meinem Vorschlag zu. Bei seinem nächsten Besuch in wenigen Tagen wird er mit Martin selbst sprechen.«

Jetzt traut sich niemand mehr, etwas zu sagen. Alle haben verstanden, dass der Obere des Ordens den Kandidaten des Priors bestätigt. »Wenn Johann von Staupitz davon bereits weiß, kann ich nicht mehr zurück. Ob ich will oder nicht«, überlegt Martin. »Seine offizielle Zustimmung ist jetzt nur noch eine rein formale Sache.«

Er lässt seinen Blick schweifen, um in den Gesichtern der anderen weitere Reaktionen abzulesen. Jedoch ohne Erfolg. »Ich bin mit meinen bisherigen Aufgaben zufrieden«, denkt er. »Das Arbeiten auf dem Klostergelände ist schon genug. Und dazu die Studien in der Bibliothek. Und dann soll ich noch die Messen leiten. Das ist zu viel.«

Ihm wird klar, dass er ebenso die Beichte seiner Mitbrüder hören und ihnen Vergebung zusprechen muss. Er erschrickt bei dem Gedanken daran, denn es bereitet ihm nachwievor große Mühe, selbst den Zuspruch Gottes anzunehmen.

Als der Prior die Versammlung nach weiteren Bekanntgaben beendet und alle den Kapitelsaal verlassen, redet Martin jemand hämisch von der Seite an: »Unser vorbildlicher und kluger Priester.«

Es ist Andreas, neben ihm läuft Georg. Andreas stichelt weiter: »Du hast dich wohl beim Prior gut gestellt.« Dabei rempeln sie ihn an und tun so, als sei es versehentlich passiert. »Oh, verzeih«, entschuldigt Andreas sich spöttisch. Er unterbricht kurz, dann fährt er fort: »Jetzt hält er sich bestimmt für etwas Besseres und denkt, dass er die stinkende Latrine nicht mehr sauber machen muss.«

Beide grinsen vielsagend, als sorgten sie persönlich dafür, dass das nicht eintritt.

Martin will eine Auseinandersetzung vermeiden und versucht zu erklären: »Mir wäre es auch lieber, wenn ein anderer den Priesterdienst übernehmen würde ...«

Bevor er weiterreden kann, fällt Georg ihm wutentbrannt ins Wort: »Das glaubst du ja wohl selbst nicht. Du hast doch nur darauf gewartet. Ich habe mein Gelübde vor dir abgelegt und bin älter als du. Ich wäre vor dir an der Reihe gewesen.«

Ohne eine Reaktion abzuwarten, wendet er sich an Andreas: »Komm, lass uns gehen. Unser neuer Priester wird sich jetzt wohl nicht mehr mit uns abgeben.« Sie lassen ihren Mitbruder einfach stehen und gehen davon.

Martin ist von den Ereignissen der vergangenen Minuten erschüttert und sucht das Gespräch mit Johann. Sein ehemaliger Novizenmeister will ihn beruhigen: »Du bist begabt und kennst dich besser aus als alle anderen. Das weiß auch Doktor Staupitz. Du darfst ihn nicht enttäuschen.«

»Die anderen sind gegen mich. Du hast es gehört«, erwidert sein Gegenüber.

»Sie haben sich vielleicht Chancen ausgerechnet. Doch du hast Prior Winand beeindruckt. Deine Gewissenhaftigkeit und wie du dich in der Bibel auskennst, gefällt ihm. Und er trifft die Entscheidung. Was er sagt, ist bindend«, erklärt Johann.

»Aber ich fühle mich nicht fähig für diesen Dienst. Ich bin erst seit gut einem Jahr hier und jetzt soll ich schon geweiht werden«, unterbricht ihn Martin.

»Beruhige dich, deine Begabungen machen es dir leicht, dich auf diesen Dienst vorzubereiten. Beichte vor jeder Messe und konzentriere dich dann ganz auf deinen Dienst. Dann wird es dir gelingen«, versucht Johann ihn zu beruhigen.

Seine tröstenden Worte erreichen jedoch weder Martins Herz noch seinen Kopf. Nur nach außen wirkt er gelassen. Erst Tage später beginnt er, sich auf seinen Priesterdienst vorzubereiten. Er liest fast 100 Lektionen „Zur Feier der Messe« und arbeitet ihren komplizierten Ablauf mit großer Sorgfalt durch. Jedes Wort und jede Geste durchdenkt er bis ins kleinste Detail. Er beschäftigt sich mit der Anzahl der Verbeugungen, der Handhabung der Abendmahlsgeräte und dem Kreuzzeichen. Wann und wie er es schlagen muss, verunsichert ihn. Denn die Ordnung schreibt an verschiedenen Stellen des Gottesdienstes unterschiedliches Verhalten vor. Es kommt darauf an, dass er fehlerfrei spricht, kein Wort vergisst und sich vorschriftsmäßig bewegt. Sollte er stocken oder mit seinen Gedanken abschweifen, macht er sich eines großen Vergehens schuldig. Das setzt ihn unter Druck und bereitet ihm schlaflose Nächte. Ostern 1507 weiht der in Erfurt residierende Bischof Bonemilch Martin zum Priester.

Durch seine Weihe wird Martin im allgemeinen Verständnis zu einem Mittler zwischen Gott und den Menschen. Den Gottesdienst feiert er mit seinen Klosterbrüdern. Erst vier Wochen später, zu seiner ersten Messe, lädt er auch seine Eltern und Freunde ein.

*

Am Sonntag Kantate leitet Martin zum ersten Mal selbst die Messe in der Augustinerkirche. Nachdem er sein Priestergewand angezogen bekommen hat, begibt er sich ins Gestühl an der Südseite des Chorraums. Er sitzt auf der Priesterbank, einer verzierten Wandnische, auf der nur der leitende Geistliche und seine Helfer sitzen dürfen. Um sich bis zum Beginn der Messe abzulenken, betrachtet er die lang gezogenen, spitzbogigen Fenster oberhalb des Hochaltars. Das in Gelb gehaltene Mittelfenster, durch das die ersten Sonnenstrahlen fallen, ziehen seine Blicke an. Er betrachtet die Glasmalerei und sieht Jesus am Kreuz, der seinen Kopf zur Seite neigt.

Dieser Anblick ist würdevoll und tröstlich. Denn der Gekreuzigte ist hier nicht nur als Richter dargestellt, der jeden Menschen und die ganze Welt straft. Sondern sein Leiden und Sterben wird deutlich und spürbar.

In den ersten Bankreihen des Kirchenschiffes sieht Martin seine Eltern und Geschwister sitzen, aber auch einige Verwandte und Freunde seines Vaters. Etwa 20 müssen es sein. Sie nach über zwei Jahren wieder zu sehen, freut ihn sehr, besonders die Anwesenheit seiner Mutter bewegt ihn. Er spürt, wie sehr er sie in den vergangenen Monaten vermisst hat. Heute darf sie das Gelände hinter der Klostermauer ausnahmsweise betreten. Frauen ist der Zutritt sonst verboten.

Die Glocken beginnen zu läuten. Martin ist elend zu Mute und flau im Magen. Lange Zeit meistert er den üblichen Ablauf ohne Fehler. Doch je näher die Handlung des Abendmahls kommt, desto aufgeregter wird er. Er tritt an den Altar und sieht vor sich eine Schale mit Brot und einen Kelch mit Wein. Gleich wird er das Kreuz darüber schlagen. »Dir, gnädigster Vater, opfern wir. Du bist der Lebendige, Wahre und Ewige.«

Als er diese Worte spricht, erstarrt er innerlich. »Ich kann es nicht. Ich will auf und davon«, schießt es ihm durch den Kopf. Er ist drauf und dran, diesem Impuls nachzugeben. Kaum merklich dreht er sich zur Seite und will flüchten. Johann steht die ganze Zeit neben ihm, um zu assistieren. Er bemerkt diese Unsicherheit und versucht ihn zu ermutigen: »Bleib ruhig. Mach es so, wie du es geübt hast. Dann wird es gut gehen.«

Martin hält inne und erwidert leise: »Ich habe es gelernt, doch ich kann es nicht.«

Er klingt verzweifelt, fast zornig. Sein väterlicher Freund wirft ihm einen sehr strengen Blick zu. Das hilft. Martin erlangt seine Fassung wieder. Er feiert die Abendmahlshandlung wie vorgeschrieben und teilt das Brot an die Glaubenden aus. Dann spricht er ein Gebet und das Vaterunser. »Ich habe es gleich geschafft«, denkt er erleichtert. Zum Schluss spendet er allen den Segen.

Die Glocken läuten, als Martin den Kirchenraum verlässt. »Hat jemand mein Zögern bemerkt? Hoffentlich ist meinem Vater der versuchte Rückzieher nicht aufgefallen«, überlegt er, als er sein Gewand ablegt. Es ist völlig verschwitzt. Neben ihm zieht auch Johann seinen Ornat aus. So leise, dass es niemand hören kann, sagt Martin zu ihm: »Danke für die Hilfe!«

Johann lacht: »Pass auf, dass dir das beim nächsten Mal nicht wieder passiert.«

Gemeinsam gehen sie hinüber in den großen Speisesaal. Dort versammeln sich alle zu einem großen Festessen. Hans Luther hat dem Kloster die beträchtliche Summe von 20 Gulden gespendet und veranlasst, dass die Gäste seines Sohnes an diesem Tag hervorragend bewirtet werden. Die Terrinen und Schüsseln sind so üppig gefüllt, dass bei einigen Anwesenden der Eindruck entsteht, sie wären zu einem Hochzeitsmahl geladen. Für Martin ist das ein gutes Zeichen, denn Hans hat ihm tatsächlich verziehen und respektiert sein Leben in der klösterlichen Gemeinschaft. Das ist mehr als er von seinem Vater erwarten konnte. Umso erleichterter ist er, denn endlich herrscht zwischen ihnen wieder Frieden.

Als Martin seiner Mutter begegnet, umarmt er sie herzlich. Lange stehen sie so beieinander. Ihr Gesicht ist faltig geworden, und sie wirkt älter als sonst. Mit ihr und Hans, den Verwandten und einigen Freunden feiert er – und es wird spät. Musik und viele Fackeln lassen eine festliche und ausgelassene Stimmung entstehen, wie er sie lange nicht mehr erlebt hat. Auch die Geschenke, die er bekommt, tragen dazu bei.

Beim Essen unterhält er sich mit seinen Eltern. Die Gelegenheit ihres seltenen Besuches muss er nutzen, um ihnen auch von der Entscheidung des Ordensoberen zu erzählen. Johann von Staupitz beauftragt ihn, Theologie zu studieren. Dieser Weg versteht sich für seine bisherige Ausbildung fast wie von selbst, denn Staupitz ist bemüht, begabte Männer weiterzuqualifizieren. Auf diese Weise kann er sie für höhere Positionen in der Klosterleitung gewinnen, für die eine Priesterausbildung nicht mehr ausreicht. Dabei ist ihm Martin aufgefallen. Sein Wissensdurst und seine ausgeprägte Frömmigkeit beeindrucken ihn. Auch Martin schätzt seinen Dienstoberen, mehrfach hat er sich ihm anvertraut. Mittlerweile legt er auch bei ihm regelmäßig die Beichte ab. Dabei haben sich beide angefreundet und gehen sehr vertrauensvoll miteinander um.

In die Führungsgruppe des Ordens will Martin keinesfalls eintreten. Sein Amt als Priester genügt ihm völlig. Doch die Aussicht, sich während seines Studiums intensiv mit dem Evangelium auseinander zu setzen und es für die Menschen verständlich zu machen, freut ihn sehr.

Hans und Margarethe haben nicht mit dieser Entscheidung gerechnet, können sich aber schnell an diesen Gedanken gewöhnen. Denn die angedeuteten Aufstiegsmöglichkeiten ihres Sohnes beeindrucken sie. Schon in vier Wochen fangen die ersten Veranstaltungen und Vorlesungen an.

*

Im Mai 1507 beginnt Martin, sich mit den Werken antiker und zeitgenössischer Theologen zu befassen. Mit Hingabe und großer Lust studiert er die Lehren der Kirchenväter. Lange Passagen aus ihren Büchern lernt er auswendig, damit er sie später noch parat hat. Er beschäftigt sich mit geschichtlichen Zusammenhängen und philosophischen Gedanken berühmter Männer. Mehr noch begeistert er sich für die Bibel. Immer wenn es seine Zeit erlaubt, meditiert er viele Abschnitte, vor allem die Psalmen. Unzählige Male wiederholt er, was er liest, um sich den Inhalt zu verinnerlichen. Diese Texte sind für ihn wie ein Garten voller Nüsse. Um ihren süßen Kern zu schmecken, muss er zuvor jedoch ihre harte Schale knacken. An einer Stelle aus dem Buch des Propheten Hesekiel bleibt er immer wieder hängen. »Gott spricht: Meinst du, dass ich gefallen habe am Tod des Sünders?«

Leidenschaftlich versucht Martin, diese und andere Aussagen zu verstehen. Er gäbe alles dafür, noch tiefer in die Geheimnisse der Evangelien und Schriften einzudringen. Jedes Mal wenn er meint, einen Vers auslegen zu können, fühlt er sich getröstet.

Diese Begeisterung für die Bibel ist eine Ausnahme. Martins Mitstudenten und andere Priester teilen sie nicht. Viele von ihnen nehmen fast nie ein Exemplar in die Hand und wissen deshalb nicht, was in den einzelnen Abschnitten steht. Mit der Zeit beginnt er die Erkenntnisse berühmter Lehrer auf die Heilige Schrift zu beziehen und alle theologischen Aussagen an ihr zu messen. Mit dieser Methode weicht er vom sonst Üblichen ab und gerät in Konflikt mit seinen Vorgesetzten. Er ist bereit, diese Auseinandersetzung auszuhalten, weil er merkt, dass er für sich einen neuen Standpunkt entwickelt, der ihm innere Ruhe schenkt. Denn auch seine eigenen Fragen und Zweifel, die ihn schon lange beschäftigen und umtreiben, kann er bald nur noch mit dem Evangelium beantworten. Allein Gottes Wort tröstet ihn.

Martin kommt außerordentlich gut voran – vor allem auch, weil ihm Johann von Staupitz zur Seite steht. Dieser kümmert sich um ihn wie um keinen anderen Studenten. Er beobachtet seine Fortschritte, nimmt sich Zeit für seine Fragen und gibt ihm Anregungen. Doch dann werden beide gezwungen, ihre Tätigkeit und Studien vorerst zu unterbrechen. Unstimmigkeiten innerhalb des Ordens sind der Anlass dafür. Denn die Klosterleitung will die Lebensformen für die Brüder drastisch vereinheitlichen. Die Mönche aus Erfurt, Nürnberg und Kulmbach verweigern dazu jedoch ihre Zustimmung. Sie fürchten, dass durch die Reform Vorschriften vernachlässigt werden, die für sie wichtig sind. Ihren Widerstand wollen sie bei der Leitung der Augustiner in Rom vortragen und die Angelegenheit beim dortigen General klären lassen. Deshalb haben sie ihre Argumente in einem Schriftstück zusammengefasst, das der Verwalter Johann Nathin in die Ewige Stadt bringen und dort übergeben soll. Martin wird ihn begleiten und vor Ort assistieren, denn beide kennen sich gut und haben zusammen studiert. Dass er dabei die fast einmalige Gelegenheit hat, in dieses Zentrum der Christenheit zu pilgern, lässt ihn den Ärger über seine Zwangspause vergessen.

Im Herbst 1510 reisen beide ab. 1200 Kilometer Fußmarsch liegen vor ihnen. Ihr Weg führt sie über Ulm, durch das Allgäu und die Ostschweiz zum Comer See und nach Mailand. In Oberitalien fällt in diesem Jahr dichter Schnee. Der Frost ist so streng, dass ihnen die Kälte binnen weniger Minuten tief in den Gliedern sitzt. Nach einer eisigen Nacht kämpfen sie am Morgen mit Fieber, das für einige Stunden bedrohlich hoch steigt. Nach dieser Unterbrechung gelangen sie über Florenz und Siena Ende Dezember an ihr Ziel. Endlich!

»Gegrüßt seist du, heiliges Rom«, ruft Martin, als beide den ersten Blick über die Dächer der Ewigen Stadt werfen können. Dann kniet er nieder, wie es auf einer Wallfahrt üblich ist. Auch Johann Nathin wirft sich zu Boden. »Du bist heilig durch das Blut der Märtyrer, die hier lebten und starben«, sprechen sie wie im Chor und schnappen erschöpft nach Luft. Ihre Füße und Beine schmerzen, denn die vergangenen sechs Wochen haben ihre Spuren hinterlassen. Nur mühsam richten sie sich wieder auf. Nathin klopft seinem Weggefährten auf die Schulter und versucht ihn aufzumuntern: »Bruder, komm, die letzten Schritte schaffen wir auch noch. Unser Ziel liegt direkt vor uns.«

Doch ihr erster Eindruck ist ernüchternd. Rom ist nur doppelt so groß wie Erfurt und bietet kaum Handwerk oder Gewerbe, kann mit den großen Handelsplätzen also nicht mithalten. Vielmehr bestimmen Ruinen und heruntergewirtschaftete Klosteranlagen das Bild. Das wundert Martin. Die Hauptstadt des alten römischen Weltreiches hat er sich gigantischer vorgestellt. Heute lebt sie hauptsächlich davon, die Residenz des Heiligen Vaters zu sein. Papst Julius II hat vor vier Jahren damit begonnen, die alte Petersbasilika zu ersetzen und den Grundstein für eine neue, viel größere Peterskirche zu legen. Die finanziellen Mittel dafür liefern ihm die Gläubigen, die Ablassbriefe zu gestaffelten Preisen kaufen – je nachdem wie hoch ihr Einkommen ist. Derzeit führt Julius II Krieg und versucht ganz Mittelitalien zu erobern. Die Bevölkerung nennt ihn deshalb »den Schrecklichen«. Während seiner Feldzüge vernachlässigt er sein Amt und geht seinen päpstlichen und seelsorgerischen Aufgaben kaum noch nach.

Unmittelbar nach ihrer Ankunft überreicht Verwalter Nathin der Ordensleitung die Petition. Dann müssen beide eine unbestimmte Frist – möglicherweise mehrere Wochen – auf die Entscheidung warten. Während dessen will Martin etwas für sein Seelenheil tun und seinen Glauben stärken. Dafür besucht er an nur einem Tag die sieben Hauptkirchen der Stadt nach einer vorgegebenen, sehr anstrengenden Route. Wie vorgesehen rutscht er auf Knien die Treppe zum Portal der Lateranbasilika hinauf.

Auf jeder Stufe betet Martin das Vaterunser, erst dann kann er weiter und ist seinem Ziel ein kleines Stück näher. 28 Stufen erklimmt er so. Als er sich oben wieder aufrichtet, ist ihm für einen Moment schwindlig. Dann überkommt ihn ein tiefes Glücksgefühl, denn mit dieser frommen Leistung kann er eine Seele aus dem Fegefeuer befreien. »Ich will als Erstes meinen Großvater Heine retten«, ist sein Wunsch, und er lässt sich einen Ablassbrief auf den Namen des Verstorbenen ausstellen. »Ich bedauere fast, dass mein Vater und meine Mutter noch am Leben sind. Sonst hätte ich auch sie von ihren Qualen erlöst.«

In der Kirche des Heiligen Laurentius liest er eine Messe und kann einem weiteren Angehörigen den Aufstieg in den Himmel ermöglichen. So arbeitet er nach und nach seine Liste ab, die er mitgebracht hat.

Außerdem betrachtet er Marienbilder, die der Evangelist Lukas gemalt haben soll, und einen Armknochen, der angeblich vom Skelett der Heiligen Anna stammt. Er besucht das Kapitol und eine Katakombe, in der mehr als 70.000 Märtyrer bestattet sind. An diesen und anderen Heiligen Stätten saugt er die Geschichten und Legenden förmlich in sich auf, die ihm dort zu Ohren kommen. Hier ist er seinen Glaubensvorbildern und ihren sterblichen Überresten so nahe wie nirgendwo. Das zu wissen, tut ihm gut. Und Martin ist überwältigt von der großen Menge der Gläubigen, die das gleiche Ziel haben wie er. Zweifel, ob es wirklich wahr ist, was er hört und sieht, kommen gar nicht auf. Jedenfalls nicht bei ihm.

Jeden Tag nimmt er an den Messen teil. Zunächst ist er beeindruckt von den verschiedenen Kirchen und ihrer Ausstattung. Nach und nach schlägt seine Begeisterung allerdings in Ernüchterung um. Denn in keinem Gottesdienst spürt er eine würdige und feierliche Stimmung – so sehr er sich auch darum bemüht. Seine Priesterkollegen spulen die Worte nur ab. Teilweise zelebrieren zwei von ihnen gleichzeitig an einem Altar, so dass sie binnen einer Stunde mehrere Messen lesen können. Auch die Beichtväter, die er aufsucht, um erneut eine umfassende Beichte abzulegen, erweisen sich nicht als sehr begabt und geschickt. Dass sie dieser Aufgabe nicht gewachsen sind, enttäuscht ihn sehr.

Einen Monat nach ihrer Ankunft, Ende Januar 1511, erhält Johann Nathin den befürchteten Bescheid: »Den deutschen Orden ist es auf Grund der Gesetze untersagt, Berufung einzulegen.«

Damit haben sie ihren Auftrag zwar erfüllt, beide machen sich aber fast unverrichteter Dinge wieder auf den Heimweg. Das Erfurter Kloster und die anderen Orden müssen sich den Reformen also beugen. Ihr Widerstand war vergeblich.

Seinen Aufenthalt in der Ewigen Stadt wird Martin trotzdem lange in Erinnerung behalten. Denn Rom hat nach seinem Eindruck unter den christlichen Zentren wirklich eine besondere Stellung. Die Heiligen, die hier lebten, sind ein lebendiger Hinweis dafür, dass Gott über seiner Kirche wacht und auf sie acht gibt. Auch wenn es offensichtliche Missstände gibt, die auch Martin nicht verborgen bleiben, will er an ihr festhalten. Diese Mängel regen ihn an, seine Frömmigkeit weiter zu vertiefen. Dadurch kann er die Kirche verbessern, wenn er sich nur genügend anstrengt.

Nach seiner Rückkehr in die Heimat arbeitet er in Erfurt. Er will sich wieder ganz auf seine Studien konzentrieren. Er hofft, dass er auch etwas mehr Ruhe haben würde. Doch wenige Wochen später ruft ihn Doktor Staupitz für eine unbestimmte Frist nach Wittenberg ins dortige Augustinerkloster und an die Universität. Es fällt Martin schwer, diesem Ruf zu folgen. Viel lieber würde er bleiben, wo er ist. Widerwillig verabschiedet er sich von seinen Mitbrüdern und macht sich auf in die Kleinstadt an der Elbe. Was ihn dort wohl erwartet?

Ankunft in Wittenberg – Martins Wandlung

Die Tür zur Bibliothek fällt lauter ins Schloss als sonst. Der Schall hallt durch den ganzen Raum und Martin erschrickt – so sehr ist er in seine Arbeit vertieft. Vor ihm liegen mehrere Bücher. Die meisten sind aufgeschlagen und aus ihnen schreibt er Notizen auf einen Zettel. Müde und abgespannt sitzt er an dem großen Tisch, den er gemeinsam mit anderen nutzt. Ein jüngerer Mitbruder tritt auf ihn zu und flüstert: »Verzeiht, Herr Luther! Johann von Staupitz erwartet euch im Garten.« Und ohne eine Reaktion abzuwarten geht er wieder. »Ja«, ruft ihm Martin hinterher.

Diese Unterbrechung ist ihm recht, vielleicht kann er bei dieser Gelegenheit frische Luft schnappen und sich für einen Moment erholen. Er geht wenige Schritte hinaus ins Freie und sieht den Ordensoberen unter dem Birnbaum an der Ostseite des Klosters. Im Schatten des hoch gewachsenen Baumes genießt dieser die spätsommerliche Wärme und beißt genüsslich in eine überreife Frucht. Der Saft spritzt davon und tropft auf die Kutte, die seinen beleibten Körper umhüllt. Ohne Hast wischt er die Tropfen mit einer ruhigen Handbewegung beiseite und blickt besonnen an sich herab.

Beide freuen sich, dass sie einander wiedersehen. Ihre Blicke kreuzen sich und Johann von Staupitz winkt einladend: »Seid gegrüßt!«

»Ihr habt mich rufen lassen. Was kann ich für euch tun?« Martin fragt seinen Oberen neugierig.

»Magister Luther, ich hoffe, es geht euch gut«, erkundigt sich sein Gegenüber und kaut dabei auf einem großen Stück Fruchtfleisch. »Ihr wisst, ich schätze eure Arbeit sehr. Ihr habt euer Studium kürzlich beendet. Und ich möchte, dass ihr so schnell wie möglich Doktor der Theologie werdet. Hier in Wittenberg habt ihr die besten Möglichkeiten.«

Während der Rede reicht er Luther eine seiner Birnen und lächelt.

Martin nimmt sie reflexartig entgegen. Schon länger ahnt und befürchtet er, dass ihm Staupitz diese Aufgabe irgendwann antragen würde.

»Ich bin noch nicht so lange hier und habe mich gerade eingelebt«, stammelt er. Er weiß, wie hoch das Arbeitspensum sein wird, das er bewältigen müsste. Was er im Moment absolviert, reicht ihm vollkommen. Ohne Zögern antwortet er: »Ich habe so viele Termine, dass ich ihnen jetzt schon kaum nachkommen kann. Meine Aufgaben innerhalb des Ordens füllen mich völlig aus. Ich schaffe das alles nur, weil ich kaum noch schlafe und öfter die Gebete ausfallen lasse. Ich versuchte sie am Samstag aufzuholen. Aber es gelingt mir nicht.«

Johann Staupitz hat mit diesem Einwand gerechnet, so gut kennen sich beide. »Ich habe euch vor einiger Zeit nicht umsonst nach Wittenberg gebracht«, erwidert er freundlich, aber bestimmt. »Euer Eifer und euer Wissensdurst sind so groß wie bei keinem sonst. Eure Frömmigkeit ist ausgezeichnet. Das alles wird euch bei dieser Aufgabe behilflich sein.«

Er unterbricht für einen Moment, dann redet er weiter: »Ich will euer Talent nutzen. Ihr schafft das!«

Je länger sein Dienstvorgesetzter spricht, desto unruhiger wird Martin. Er ist seit Wochen gesundheitlich angeschlagen und völlig erschöpft. Und er fragt sich, ob Staupitz wenigstens dieses Argument akzeptiert. Innerlich aufgewühlt, versucht er sich nach außen nichts anmerken zu lassen: »Ich werde den Anstrengungen nicht auf Dauer gewachsen sein. Ihr wisst, dass ich seit Monaten immer wieder krank bin. Die Reise nach Rom hat mir zugesetzt und mein Studium kostet mich viel Kraft. Mein Körper wird das kein weiteres Vierteljahr aushalten. Sucht euch lieber einen Bruder, der kräftiger und leistungsfähiger ist als ich.« Dabei wirft er die Birne von einer Hand in die andere.

Verständnisvoll und mitfühlend zwinkert ihm Johann von Staupitz zu. Dennoch bleibt er bei seinem Standpunkt: »Ihr wisst doch, dass Gott im Himmel und auf Erden große Sachen auszurichten hat. Dafür braucht er kluge Leute. Solltet ihr tatsächlich früh sterben, wie ihr befürchtet, so kann unser Herr auch im Himmel einen guten Berater wie euch brauchen. Es bleibt dabei. Ihr werdet so bald wie möglich mit den Vorbereitungen für den Doktortitel beginnen.«

Dann schiebt er noch ein Argument nach: »Ich habe mich bereits mit den Mönchen der hiesigen Klostergemeinschaft abgestimmt. Sie sind ganz meiner Meinung.«

Damit ist die Angelegenheit für ihn entschieden. Er geht, ohne eine Antwort abzuwarten.

»Nicht auch das noch«, platzt es aus Martin heraus. Er ist wütend und ratlos. Um seine Gedanken zu ordnen und wieder einen klaren Kopf zu bekommen, geht er im Gelände umher. Seine Birne verschenkt er an einen Novizen, denn nach Essen ist ihm jetzt nicht zu Mute. »Am liebsten würde ich einzig Gottesdienste halten und Gottes Wort verkündigen. Das macht mir am meisten Spaß. Warum soll ich unbedingt den Doktortitel machen? Ich will nicht«, denkt er. Als Doktor der Theologie wäre er verpflichtet, einen Lehrstuhl zu besetzen und viele Dienste an der Universität zu versehen. Er würde zwar auch junge Männer unterweisen und mit ihnen Streitgespräche führen. Das macht er gern. Doch dafür müsste er sein eigenes Wissen ausbauen und weiter entwickeln. Und das kostet Energie.

In den nächsten Tagen versucht Martin, den Plan seines Oberen doch noch abzuwenden. Mehrfach spricht er ihn darauf an und legt seine Bedenken immer wieder dar. Dabei geht er bis an die Grenze des Gehorsams, den er ihm schuldig ist. Doch vergebens. Er muss sich fügen und er tut es schweren Herzens.

Doktor Staupitz will Martin diesen Schritt erleichtern und ermöglicht ihm bessere Arbeitsbedingungen. Er stellt ihm unbefristet eine Zelle in Aussicht, die er nur für sich allein nutzen wird. Sie liegt etwas abseits im Turm des Haupthauses, zwischen den großen Schlafsälen und dem Brauhaus. In diesem Raum hat er Ruhe und kann seinen Verpflichtungen ungestörter nachgehen als bisher. Diese Vergünstigung ist eine absolute Seltenheit.

*

Martin zieht den Kopf ein, geht durch die Turmtür und tritt mürrisch in seine Zelle. Er holt tief Luft und legt seine Bücher auf den Tisch. Dann erst sieht er, dass in der Ecke ein kleiner Ofen steht. Zum ersten Mal wird er im kommenden Winter nicht mehr so viel frieren wie früher. Diese Aussicht gefällt ihm und sie stimmt ihn etwas versöhnlich. Er schaut sich weiter um und murmelt vor sich hin: »Es ist ein kleines, aber gemütliches Stüblein. Für mich reicht es völlig aus. Doch der Preis dafür ist sehr hoch.«

Sein Blick schweift aus dem Fenster über die umliegenden Felder. Das Kloster liegt an der östlichen Stadtmauer, in der Nähe des Elstertores, einem der drei Stadttore Wittenbergs. Bis vor wenigen Jahren war auf diesem Gelände das »Hospital zum Heiligen Geist« untergebracht. Dann hat der Erfurter Orden hier ein Tochterkloster gegründet. Die Bauarbeiten sind noch im Gang und werden erst in einiger Zeit abgeschlossen sein. In den kommenden Monaten werden hier auch noch mehr Mönche leben als bisher – derzeit sind es um die 30 Männer. Doch schon jetzt nennen die Einwohner der Stadt es liebevoll »Schwarzes Kloster«. Sie spielen damit auf die Farbe ihrer Kutten an.

Martin sieht noch einen Moment aus dem Fenster: »Wittenberg kommt mir vor wie ein Nest. Es ist ein Dorf am Rand der Zivilisation. Hier leben höchstens so viele Menschen wie in Mansfeld. Wie ich doch Erfurt vermisse.«

Seinen Eindruck teilen auch die anderen Brüder, die wie er aus anderen Orten hierher gekommen sind. Die Stadt wirkt auf den ersten Blick unscheinbar und klein. Alte, niedrige Holzhäuser bestimmen das Bild. Sie sind mit Holz und Stroh bedeckt. Auf den meisten Gassen liegt Unrat und Dreck. Nur rund um den gepflasterten Marktplatz mit dem Rathaus stehen einige massive Steinhäuser mit gewölbten Erdgeschossen. In ihnen wohnen die betuchten Bürger der Stadt. Bis jetzt sind es nur sehr wenige.

Doch seit Friedrich der Weise sein Fürstentum von hier aus regiert, verändert sich das Stadtbild zunehmend. Und Martin kann die Entwicklung miterleben. Die kurfürstliche Residenz im Westen der Stadt kann jetzt mit den Schlössern in Torgau, Weimar und Coburg konkurrieren. In den prächtigen Renaissancebau ist auf der Nordseite die Schlosskirche integriert. Sie ist allen Heiligen gewidmet und wurde von den besten Künstlern der Zeit ausgestaltet – auch Albrecht Dürer hat hier gearbeitet. Hier bewahrt Friedrich viele Kostbarkeiten auf: Ein Dorn aus der Krone Jesu Christi, Flaschen mit Milch von der Jungfrau Maria und Stroh aus der Krippe. Seine Sammlung umfasst mehrere tausend Stücke. Die meisten hat er von seinen Wallfahrten aus dem Heiligen Land mitgebracht. Einmal im Jahr, immer zwei Wochen nach Ostern, öffnet er die Ausstellung für die Bevölkerung. Sie ist sehr beliebt, denn wer sie besucht, erhält einen Ablass.

Jedes Jahr hält der Kurfürst prächtige Feste ab, um das Ansehen und die Ausstrahlungskraft der Stadt zu erhöhen. Vor allem das Turnier mit Lanzen zieht viele Besucher aus der Gegend an. Er gründet die Universität, damit möglichst viele gebildete Männer aus seinem Fürstentum hervorgehen. Sie heißt »Leucorea«, Weißer Berg. Derzeit zieht sie mehr als 400 Studenten an. Knapp zwei Dutzend Professoren unterrichten hier. Innerhalb weniger Jahre verändert Friedrich so viel, dass Wittenberg kaum wieder zu erkennen ist. Sein Einfluss auf die Politik des deutschen Kaisers und die Macht, die von seinem Territorium ausgeht, spiegeln sich in seiner Residenzstadt wider. Und sie steht Städten wie Erfurt in nichts mehr nach.

*

Dann geht alles vergleichsweise schnell. Wenige Wochen nach ihrem Gespräch im Klostergarten kümmert sich Johann von Staupitz um die entsprechenden Formalitäten für Martins Doktorwürde und holt die notwendige Erlaubnis ein. Die Verwaltungsgebühren in Höhe von 50 Gulden können beide allerdings nicht aufbringen – weder sie persönlich noch der Orden haben diesen Geldbetrag zur Verfügung. Deshalb versucht Staupitz mit Kurfürst Friedrich zu verhandeln. Als Gründer der Universität und Landesherr muss er darüber entscheiden. Doch dieser kennt weder Martin noch seine Fähigkeiten. Johann von Staupitz schlägt dem Kurfürsten deshalb eine Vereinbarung vor: Doktor Luther werde längere Zeit bleiben und seinen Lehrauftrag unbefristet übernehmen, wenn Friedrich den Geldbetrag von der Hofkammer zur Verfügung stellt.

Friedrich hat im Moment großes Interesse daran, möglichst junge Lehrkräfte zu gewinnen. Außerdem braucht er Planungssicherheit für die Mitarbeiter an der Universität. Deshalb willigt er in den Vorschlag ein. Martin ist erstaunt und erfreut, als er von dem Handel hört. Die Vorbereitungen auf seine Prüfungen geben ihm jedoch kaum Gelegenheit, sich darüber weitere Gedanken zu machen.

Die würdevolle und festliche Zeremonie findet im Oktober 1512 in der Schlosskirche statt. Sie ist bis auf den letzten Platz mit Würdenträgern, Bürgern und Studenten gefüllt. Die Leitung der Feierlichkeit hat Andreas Karlstadt, einer der Doktoren. Zunächst hält Martin eine lange Rede, in der er einige problematische Fragen anspricht und seine Position dazu verdeutlicht. Anschließend legt er einen Eid ab und gelobt, nur das öffentlich zu sagen, was den Lehren der Kirche und des Papstes nicht widerspricht. Zum Abschluss überreicht ihm Doktor Karlstadt als Zeichen seiner neuen Würde eine offene und eine geschlossene Bibel, einen goldenen Ring und einen Doktorhut. Ihn tauscht er von nun an gegen seine Mönchskapuze ein.

Als theologischer Gelehrter ist er zukünftig nicht nur befugt, sondern verpflichtet, strittige Themen öffentlich anzusprechen. Er muss Missstände in der Kirche beim Namen nennen und jeden kritisieren, der sich falsch verhält, egal, welches Amt derjenige innehat – und sei es noch so hoch. Sollten seine Äußerungen Folgen für ihn persönlich haben, muss er sie in Kauf nehmen, denn das Wohl der Kirche hat Vorrang. Doch zunächst widmet er sich hauptsächlich seinen Vorlesungen. Er bekommt den Lehrauftrag für Bibelwissenschaften von Johann von Staupitz übertragen, der seit Längerem andere Aufgaben übernommen hat. Doch dieser weiß seine bisherige Arbeit in guten Händen.

Seine ersten Lehrveranstaltungen hält Martin über das Alte Testament. Er beginnt damit, das Buch der Psalmen auszulegen. Dafür lässt er es für jeden seiner Zuhörer mit einem breiten Rand und weitem Zeilenabstand drucken. Jeweils zwei Stunden in der Woche diktiert er ihnen die Auslegung. Erst erläutert er einzelne Worte und Sätze ausführlicher, dann erklärt er den Zusammenhang.

Manchmal schweift Luther vom eigentlichen Thema ab und fügt zusätzliche Bemerkungen ein, die ihm in diesem Moment in den Sinn kommen. Von Anfang an fühlt er sich in der neuen Rolle und im Umgang mit seinen Studenten wohl. Doch er macht es den jungen Männern nicht leicht, verlangt ihnen genauso viel ab wie sich selbst. Trotzdem sind seine Zuhörer begeistert und seine Vorlesungen sehr gefragt. Das spricht sich schnell herum und viele Studenten kommen nur seinetwegen nach Wittenberg. Denn wenn er ans Pult tritt, gibt er nicht die Weisheit und Gewissheit wieder, die er sich bei anderen Gelehrten angelesen und so in gewisser Weise von ihnen ausgeborgt hat. Sondern er legt jeden Vers selbst aus, bemüht sich um eigene Erkenntnisse und will zu dem stehen können, was er sagt. Er spricht nicht nur über Theorie, sondern redet seinen Zuhörern ins Herz. In seinen Ausführungen kommen sie und ihre Fragen vor und sie fühlen sich verstanden.

Gegen Ende einer Vorlesung unterbricht ihn Stephan, ein Student aus der hintersten Reihe, der häufig Fragen stellt: »Doktor Luther, fast alle Professoren diskutieren sehr spitzfindig und klug zum Beispiel über den Namen Gottes. Auch euer Vorgänger redet so. Mir fällt auf, dass ihr anders arbeitet. Wie geht ihr vor?«

»Hm.« Martin blickt von seinen Aufzeichnungen auf und antwortet: »Ich versuche intensiv auf die Worte des Textes zu hören. Denn unser Glaube kommt nicht dadurch, dass wir über Gott reden und miteinander streiten. Wir müssen auf das hören, was Gott uns sagen will. Das ist unsere wichtigste Aufgabe.«

Er unterbricht kurz, dann erklärt er, was er damit meint: »Wenn sie einen Psalm mehrmals hintereinander beten, dann berührt sie dieser Text irgendwann. Er spricht nicht mehr nur ihren Verstand an, sondern auch ihre Gefühle.

Wenn sie das schon einmal erlebt haben, wissen Sie, was ich meine.«

Begeistert von dem, was sein Lehrer sagt, fragt Stephan weiter: »Das klingt schwierig. Wie macht ihr das?«

»Stellen sie sich eine Kuh oder einen Ochsen vor. Sie stehen auf der Weide, fressen die Wiese ab und käuen das Gras wieder, was sie im Magen haben. Ich mache es wie dieses Vieh.«

Bei dieser Vorstellung beginnen fast alle zu schmunzeln. Schnell fährt Martin fort: »Ich versuche jedes Bibelwort hin und her zu bewegen, den Text an mich heran zu lassen. Kein Psalm steht für sich allein. Oder weit weg von mir. Er hat etwas mit mir zu tun.«

Dass er auf dem Weg dorthin viel gelitten hat, verschweigt er aus Rücksicht auf seine Zuhörer.

*

In Kürze will Martin mit seinen Studenten Psalm 31 durcharbeiten. Bei seiner Vorbereitung bleibt er schon am zweiten Vers hängen: »Herr, auf dich traue ich, lass mich nicht scheitern, sondern errette mich durch deine Gerechtigkeit.«

Seit Wochen liest er auf fast jeder zweiten Seite im Buch der Psalmen das Wort Gerechtigkeit. Ihn schaudert. Kalter Schweiß läuft ihm den Rücken hinab. Ab und zu knirscht er unwillkürlich mit den Zähnen. Gott soll gerecht sein und strafen – das kann er nicht verstehen. Auch Jesus Christus muss mehr sein als nur ein Richter über diese Welt. Lange beschäftigt er sich damit. Dieser Gedanke quält ihn – bis er auf diesen Vers stößt: »Der Gerechte wird aus dem Glauben das Leben erhalten.«

In Martin arbeitet es. Nachdenklich geht er noch andere Bibelstellen durch, liest und vergleicht sie miteinander. Irgendwann stößt er auf den Römerbrief. Im ersten Kapitel schreibt Paulus: »Denn ich schäme mich des Evangeliums nicht. Es ist eine Kraft Gottes, die jeden rettet, der glaubt. Denn im Evangelium wird die Gerechtigkeit Gottes offenbart aus Glauben zum Glauben.«

Martin ist aufgewühlt. Hektisch geht er in seinem Turmzimmer hin und her. Er murmelt: »Das Wort Gerechtigkeit muss etwas ganz anderes bedeuten, als ich bisher angenommen habe. Kein Mensch kann sich selbst gerecht machen, sondern Gott sieht uns als gerecht an. Doch was bedeutet das für mich?«

Er grübelt darüber nach. »Anscheinend bin ich noch lange nicht gerecht, nur weil ich von früh bis spät beichte und möglichst wenig sündige. Doch wenn das stimmt, habe ich mich in den vergangenen zehn Jahren umsonst gemüht. Damals bin ich ins Kloster gegangen, weil ich glaubte, Gott damit gefallen zu können. Ich habe ihm mein Leben gewidmet und auf vieles verzichtet. Und ich habe gehofft, dass er mich annimmt. Bin ich damit gescheitert?«

Auch Tage später beschäftigt ihn das noch. Bis er dann aus tiefer Seele schreit: »Ich bin schon gerettet. Gott hat Erbarmen mit mir! Das ist sein Geschenk an mich. Ich bin aus mir selbst heraus gar nicht in der Lage, mich zu retten!«

Allmählich fühlt er sich befreit, fast wie neu geboren. »Jesus Christus vergibt mir meine Sünden.«

Erleichtert lehnt er sich zurück und liest noch einmal: »Das Evangelium ist eine Kraft Gottes, die jeden rettet, der glaubt.«

»Ich kann nichts dazutun, außer eins: Meinen Glauben!« Als er diesen Satz ausspricht, ist es als betrete er in diesem Augenblick das Paradies. Und ein leiser Hauch von Gewissheit macht sich breit. Eine Weile geht er diesem Gedanken noch nach, dann schließt er seine Bücher und legt die Schreibutensilien beiseite.

Sein Leben, Arbeiten und Lehren erscheint von nun an in einem ganz anderen Licht. Doch was würde er seinen Studenten sagen? Hatte er tatsächlich eine Schlüsselstelle gefunden, von der er ihnen schon jetzt berichten sollte? Martin zögert. Er muss seine Erkenntnis zuvor gründlich prüfen. Erst im kommenden Jahr kann er sich ausgiebig mit dem Römerbrief beschäftigen und eine Vorlesung dazu halten. Bis dahin wird er trotzdem nicht umhinkommen, die jungen Männer an seinen Gedanken teilhaben zu lassen – zumindest bruchstückhaft. Und je länger er sich damit auseinandersetzt, desto lieber denkt er über das Wort Gerechtigkeit nach, das er so viele Jahre fast abgrundtief gehasst hatte. Jetzt kann er seinen Zweifeln etwas entgegensetzen.

Wenn das Geld im Kasten klingt, die Seele in den Himmel springt

Wenige Tage nach dem Osterfest 1517 überquert Martin hastig den Wittenberger Marktplatz in Richtung Stadtkirche Sankt Marien. Seit vier Jahren ist er hier Prediger und übt dieses Amt mehrmals in der Woche aus. Anders als seine Kollegen spricht er zu den Gläubigen nicht auf Latein, sondern auf Deutsch. So verstehen alle, was er sagt. Und seine Zuhörer sind sehr dankbar dafür. Heute spricht er darüber, dass Gott jeden Menschen so sehr liebt, dass er ihm alles vergibt, worum er bittet. Was Martin vor einiger Zeit erkannt hat, behält er schon lange nicht mehr für sich.

Nach dem Gottesdienst eilt Thomas am Eingangsportal auf ihn zu, zieht einen Brief aus seiner Tasche und sagt: »Moment, Doktor Luther! Hier, schauen Sie: Ich habe einen Ablass gekauft.«

In seinem Gesicht spiegelt sich Freude und die Hoffnung, sein Pfarrer werde mit ihm zufrieden sein. »Ich habe einen halben Gulden dafür bezahlt. Dafür musste ich lange sparen«, erzählt er stolz. Er verdient seinen Lebensunterhalt als Zimmermann und muss fünf kleine Kinder ernähren. Was auf dem Papier steht, kann er nicht lesen.

»Thomas, schön dich zu sehen«, freut sich Luther, dann sieht er sich das Schriftstück an. Darauf steht, dass Thomas für den Ehebruch, den er begangen hat, freigesprochen sei.

Niemand dürfe ihn deshalb anklagen, verurteilen oder verdammen.

Briefe wie diesen sieht Martin in letzter Zeit häufig und immer wieder stellt er dieselbe Frage: »Bereust du, was du getan hast?«

Thomas stutzt und antwortet: »Ich dachte es reicht, wenn ich bezahle und das hier gut aufbewahre.« Aufgeregt zeigt er auf den Ablassbrief.

»Nein«, ruft Martin laut und fragt zornig: »Tut es dir leid, dass du deine Frau betrogen hast und versprichst du, dass du es nie wieder tun wirst? Ja oder nein?«

Erst schweigt Thomas, dann sagt er verunsichert und widerwillig: »Ja, ich bereue und ich will versuchen, keinen Ehebruch mehr zu begehen.«

Er nimmt den Ablasszettel an sich als sei er eine große Kostbarkeit und verschwindet schnell – so als wolle er mit Fragen wie Luthers nicht weiter belästigt werden.

»Dieser Tetzel«, schnaubt Martin. »Man muss ihm das Handwerk legen! Wie ein Marktschreier plärrt er die Leute an und behauptet, für Geld kann man alles haben – auch die Seligkeit.«

Johann Tetzel zieht seit Längerem durch das Bistum Magdeburg und die brandenburgischen Gebiete. In jedem Ort lässt er sich mit Ehren empfangen, entrollt ein Banner mit dem großen roten Kreuz und dem päpstlichen Wappen. So zeigt er, dass er vom Heiligen Vater geschickt wird. Dann richtet er das Ablasskreuz auf und spricht über die Qualen, die jeden im Fegefeuer peinigen werden. Jedes Detail schmückt er so reichlich aus, dass den Zuhörern der Schmerz schon jetzt in den Gliedern steckt. Instinktiv ducken sich einige ab. Tetzel spricht so lange, bis er auch den

Letzten verängstigt hat. Danach zeigt er feierlich auf die meterlange Truhe und sagt salbungsvoll: »Wenn das Geld im Kasten klingt, die Seele aus dem Fegefeuer in den Himmel springt.«

Ein Raunen geht durch die Menge. Die Ersten sind erleichtert und atmen auf. Dann erklärt er: »Der Heilige Vater wird für euch beten, wenn ihr bezahlt. So könnt ihr euch von Strafen freikaufen und zum Bau der Peterskirche beitragen.«

Frauen und Männer, egal ob jung oder alt, hängen wie gebannt an seinen Lippen. »Auch für Vergehen, die ihr erst noch begehen werdet, könnt ihr heute schon bezahlen. Und vergesst auch eure Mutter und euren Vater nicht, die schon gestorben sind. Bedenkt, wie sie leiden. Sie warten darauf, dass ihr sie befreit. Und ihr könnt ihnen helfen. Nur einen Gulden kostet das.«

Zum Schluss setzt der Ablassprediger noch eins nach: »Selbst wenn einer von euch die Jungfrau Maria vergewaltigt haben sollte, hilft der Ablass.« Zaghaft lachen einige der Zuhörer, aber alle sind verunsichert.

Gleich nachdem er zu Ende gesprochen hat, klappern die Ersten mit ihren Münzen. Jeder will einen oder mehrere Ablässe kaufen. Niemand geht wieder nach Hause ohne vorher zu bezahlen. Und alle geben fast ihr letztes Geld.

Während Johann Tetzel und seine Gehilfen die Zettel beschreiben und verteilen, überwachen mehrere Beamte des Bankhauses Fugger den Eingang der Gelder. Die Hälfte der Einnahmen werden sie an Papst Leo X übergeben, den anderen Teil behalten sie selbst. Damit decken sie die Schulden des Erzbischofs Albrecht von Brandenburg. Albrecht hat sich von ihnen 29 000 Gulden geliehen, um in Rom ein kirchliches Amt zu kaufen. Außer den wenigen Beteiligten weiß allerdings niemand von diesem Geschäft.

Die Argumente Johann Tetzels sind so schlagkräftig und seine Reden so überzeugend, dass die Christen ihm monatelang hinterher rennen – mitunter mehrere Dutzend Kilometer. Martin kann sich das nicht länger mit ansehen. Er will vor der falschen Sicherheit warnen, in der sich viele wiegen. In vielen Gottesdiensten predigt er darüber, wie die Sünden wieder vergeben werden können. Wortgewaltig redet er von der Kanzel der Marienkirche den Gläubigen ins Gewissen: »Männer und Frauen! Wenn ihr glaubt, mit jedem Ablassbrief könnt ihr euch ein Stück Fegefeuer ersparen, dann irrt ihr gewaltig. Der Weg in den Himmel ist nämlich nicht mit den Zetteln des Herrn Tetzel gepflastert. Sie sind höchstens dazu gut, die Strafen wegzunehmen, die uns die Kirche auferlegt. Erst wenn euch die Fehler und Sünden von ganzem Herzen leidtun und ihr eure Schuld bereut, kann euch Gott davon befreien. Sonst nicht. Denn eure Buße ist keine äußere Leistung, sondern durch sie verändert sich euer Leben und euer Verhältnis zu Gott. Ihr müsst erkennen, dass ihr Sünder seid, und ihr müsst demütig werden.

Ich habe selbst Ablässe gekauft, als ich vor einigen Jahren in Rom war. Damals dachte ich, dass ich mir und meinen Verwandten etwas Gutes tue. Schmerzlich habe ich erkannt, dass die Briefe nicht das Geld wert sind, auf dem sie stehen. Werft sie weg!«

Doch nur die wenigsten verstehen, was er meint. Sie laufen Tetzel weiter hinterher.

*

»Es muss etwas geschehen. Aber was?« Martin geht im Klostergarten umher und grübelt. Die Sonnenstrahlen auf seinem Gesicht nimmt er kaum wahr, so sehr ist er mit sich beschäftigt. Mit seinen Predigten und Gesprächen erreicht er nichts – jedenfalls bisher. Das ärgert ihn und er stößt mit dem Fuß in einen kleinen Haufen bunter Blätter, die auf dem Weg liegen. Seit geraumer Zeit reift in ihm eine Idee, die er nun umsetzen wird. Er geht in seine Studierstube und schiebt die Bücher auf seinem Schreibtisch beiseite. »Aus Liebe zur Wahrheit und weil diese ans Licht kommen muss«, schreibt er auf ein großes Stück Papier.

»Erstens: Unser Herr Jesus Christus sagt im Evangelium, dass unser ganzes Leben Buße sein soll. Er meint damit einen Wandel in unserem Inneren. Allein Jesus Christus kann Sünden vergeben – niemand sonst, auch nicht der Papst.«

In zahlreichen Thesen formuliert er, wozu Ablass gut ist, vor allem aber wie er schadet. Als er alles niedergeschrieben hat, sind es 95. Sie sollen die Grundlage für eine öffentliche Diskussion sein, die bald in Wittenberg unter seiner Leitung stattfinden wird. Wenn sich Gelehrte über das Problem sachlich austauschen, lässt sich sicher eine Lösung finden. Deshalb schickt er Exemplare seines Thesenpapiers an Wissenschaftler, Freunde und Bekannte. Männer, die nicht an der mündlichen Diskussion teilnehmen können, bittet er, sich schriftlich dazu zu äußern.

Doch Martin fühlt sich auch dem Erzbischof Albrecht von Magdeburg gegenüber verpflichtet. Er will ihn darüber informieren, was in seinem Gebiet geschieht. Erst zögert er lange. Dann schreibt er ihm schweren Herzens, dass er besorgt ist. Denn die Gläubigen hören nicht die Wahrheit.

Die Priester schweigen in ihren Ablasspredigten über die Liebe, die Jesus Christus jedem Menschen schenkt. Stattdessen reden sie über den Nachlass von Sündenstrafen.

Martin bittet Erzbischof Albrecht, an dieser Situation etwas zu ändern. Nur er allein ist dazu befugt. Der Bischof soll dafür sorgen, dass wieder das Evangelium der Heiligen Schrift verkündigt wird, wie es Jesus Christus ausdrücklich befiehlt.

Zum Schluss macht Martin deutlich, dass er nicht die Heilige Kirche angreifen will, sondern seiner Pflicht als Doktor der Theologie nachkommen muss. Er legt seinen Griffel beiseite und fügt dem Brief ein Exemplar seiner Thesen bei. Mittlerweile ist es draußen dunkel geworden.

Am späteren Abend des 31. Oktober 1517 macht er sich mit einem weiteren Thesenpapier auf in Richtung Schlosskirche. Auf halbem Wege fängt es langsam an zu regnen und Martin geht schneller. Als er an der Eingangstür ankommt, heftet er den Zettel an das Mitteilungsbrett, damit auch seine Studenten und einige Wittenberger möglichst schnell davon erfahren. Schon morgen vor dem Gottesdienst zum Allerheiligenfest werden sie es lesen. Wie eine Nachtigall ruft er den Menschen seine Gedanken zu. Müde, aber zufrieden und zuversichtlich geht er zurück. Auf dem Rückweg gehen ihm noch einige Gedanken durch den Kopf: »Sicher, meine Aussagen sind angreifbar.« Doch größere Widerstände erwartet er nicht. »Jetzt liegt es in Gottes Hand, ob sich etwas verändert oder nicht«, denkt er.

Erst einmal passiert nichts. In den kommenden Tagen meldet sich niemand zu seiner Diskussion an – auch Wochen später nicht. Martin zeigt sein Arbeitspapier dann in einem kleinen Kreis enger Freunde, doch keiner von ihnen nimmt die Notiz davon, die er sich wünscht. Erst einige Monate später kommen Reaktionen. Luther bekommt Briefe und Gratulationsschreiben. Männer schreiben ihm, die von seinem Papier gar nichts wissen können. Sie ermutigen ihn und bejubeln seine Arbeit. Druckereien in Nürnberg, Leipzig und Basel haben seine Thesen in der Zwischenzeit gedruckt und fast im ganzen Reich veröffentlicht, so erfährt er.

Allerdings haben Martins Äußerungen und Verbesserungsvorschläge nicht nur Anhänger gefunden. Der Erzbischof Albrecht von Brandenburg sieht durch ihn sein lukratives Geschäft mit dem Bankhaus Fugger in Gefahr. Deshalb informiert er den Heiligen Vater und hofft, Papst Leo X werde den Vorfall klären. Leo X waltet seines Amtes und weist Luther in seine Schranken. Er untersagt ihm schriftlich, weiter neue Lehren zu verbreiten und die Christen zu verwirren. Denn niemand darf den Ablass behindern. So schreibt es ein Kirchengesetz vor.

Als Johann Tetzel von dem Thesenpapier erfährt, sieht er seine Arbeit als Ablassprediger in Frage gestellt. Er tobt vor Wut und spricht sich sofort für ein äußerst hartes Vorgehen aus: »Der Ketzer soll in drei Wochen auf den Scheiterhaufen geworfen werden und zum Himmel fahren.« Er urteilt hart und sieht die Autorität des Papstes und dessen oberste Gewalt bedroht.

Johann Eck, ein angesehener Gelehrter aus Ingolstadt, meldet sich mit einer Gegenschrift zu Wort. Bisher sind er und Martin eng befreundet gewesen, doch jetzt greift jener ihn ohne Warnung an: Sein bisheriger Freund sei dumm und dreist. Und er wisse nicht, was er sage. Eck reagiert unerwartet hart, er argumentiert arrogant und unsachlich.

Die unterschiedlichen Reaktionen erdrücken Martin. Dass sie so heftig und persönlich sind, verletzt ihn. Er verfasst eine Schrift mit den Grundgedanken zu seinen 95 Thesen und beschreibt noch einmal ganz klar seine Position. Diesmal argumentiert er sogar strenger und urteilt härter: »Wenn Gott die Sünden straft, kann kein Mensch sie erlassen. Es ist besser, den Armen etwas zu geben als für die Peterskirche zu bezahlen. Der Ablass ist nur etwas für faule und unvollkommene Christen – er ist höchstens zu dulden, aber nicht zu empfehlen.«

Diese Abhandlung lässt er drucken. Sie macht in Wittenberg und der Umgebung die Runde und verbreitet sich fast im ganzen Reich wie ein Lauffeuer. Mit Tetzel und Eck nimmt Luther brieflichen Kontakt auf. Sehr direkt, aber sachlich macht er ihnen gegenüber noch einmal seinen Standpunkt deutlich. Doch sie und einige andere werden zu erbitterten Gegnern, die ihn mundtot machen wollen. Trotzdem kann er viele Kollegen, Studenten und Juristen für sich und sein Anliegen gewinnen.

*

Die Sonne steht hoch und strahlt kräftig. Martin sitzt im Klostergarten und unterhält sich, als ein Mitbruder geeilt kommt und ihm einen Brief übergibt. Am Siegel erkennt er, dass er aus Rom stammt. Schnell öffnet er ihn. Es ist seine Vorladung. Denn gegen ihn wird ein päpstlicher Gerichtsprozess angestrengt. Er wird beschuldigt, als Ketzer aufzutreten, den Papst nicht ausreichend zu würdigen und die Macht des Heiligen Vaters in Frage zu stellen. Innerhalb von 70 Tagen soll er in Rom erscheinen. Das bedeutet normalerweise nur eins. Ihm wird dort ein kurzer Prozess gemacht. Das Urteil lautet sicher »Tod durch Verbrennen auf dem Scheiterhaufen«. Im günstigsten Fall inhaftiert man ihn lebenslang in einem Kerker.

»Die Lage ist viel gefährlicher, als ich dachte«, überlegt er, als er das Schreiben in seinen Händen hält. »Meine Sache wird jetzt also vor dem päpstlichen Richter verhandelt und sicher nicht zu meinen Gunsten entschieden. Mit Jan Hus und anderen haben sie es ja auch so gemacht. Hus wurde für seine revolutionären theologischen Gedanken umgebracht.«

Ihn fröstelt, obwohl es an diesem Tag sehr warm ist. »Mir geht es doch gar nicht um die Autorität des Papstes, sondern um die Gläubigen.«

Martin sieht sein Leben in Gefahr und die Ehre der Universität in Wittenberg bedroht. Deshalb wendet er sich an den Kurfürsten. Nur Friedrich der Weise kann den Papst veranlassen, diesen Fall an Richter in Deutschland zu übertragen. Diese Möglichkeit steht ihm rechtlich offen. Friedrich der Weise schätzt seinen Doktor Luther sehr und ist von seinen Gedanken beeindruckt. Obwohl sich beide noch nie begegnet sind, fühlt er sich mit Martin verbunden und will ihn schützen. Deshalb wendet er sich unter einem Vorwand an Papst Leo: »Martin Luther ist gesundheitlich angeschlagen und kann unmöglich die weite Reise nach Rom antreten.«

Daraufhin wird Luther an Kardinal Cajetan überstellt, einem päpstlichen Gesandten. Er hält sich gerade in Augsburg auf. Vor ihm soll er seine Thesen widerrufen und um

Verzeihung bitten. Sollte er allerdings uneinsichtig sein und hartnäckig bleiben, wird auf ihn der Kirchenbann gelegt. Diese Strafe ist eine der höchsten. Sie schließt ihn aus der christlichen Gemeinde und vom Abendmahl aus. Alle kirchlichen und weltlichen Instanzen sind dann aufgefordert, ihn an den Papst auszuliefern.

*

Ende September bricht Martin zu Fuß nach Augsburg auf. Er rechnet mit dem Schlimmsten. Die Aufregung steigt, je näher er seinem Ziel kommt. Unmittelbar vor der Stadt bricht er zusammen. »Ich fürchte mich«, ruft er laut. »Ich sehe den Scheiterhaufen schon vor mir.« Lange ringt er nach seiner alten Fassung: »Soll ich widerrufen oder soll ich sterben?«

Das Verhör findet Mitte Oktober im Bankhaus Fugger statt. Martin betritt einen hellen, prächtig ausgestalteten Raum. In der Mitte sitzt ein Mann in einem purpurnen Gewand. Es ist Kardinal Cajetan, der päpstliche Gesandte. Um ihn sind ein Sekretär und einige Gefolgsmänner, die ihm assistieren.

Martin zittert am ganzen Leib. Wie es vorgeschrieben ist, fällt er demütig auf die Knie, wirft sich dann ganz zu Boden und streckt sich aus. So bleibt er liegen. Erst als Cajetan ihn zum dritten Mal auffordert, erhebt er sich wieder.

Der Kardinal spricht ihn an: »Mit deiner Diskussion vom Ablass bist du im Begriff, eine ganze Nation zu erregen und die Gläubigen im Reich in Aufruhr zu versetzen. Deshalb wirst du jetzt, vor mir, alles widerrufen. Dann wird dir nichts passieren. Und in Zukunft wirst du von allem Abstand nehmen, was die Kirche verwirrt.«

Mit Nachdruck und aller Entschiedenheit fährt Cajetan fort: »Auf eine Diskussion mit dir werde ich mich nicht einlassen.«

Höflich, fast unterwürfig bittet Martin, Kardinal Cajetan soll ihm die Irrtümer nennen, die er begangen habe. Entgegen seinem Vorsatz lässt sich der päpstliche Gesandte tatsächlich auf ein solches Streitgespräch ein und nennt die strittigen Punkte. Er argumentiert: »Leo X ist für alle Gläubigen die höchste Autorität auf der Erde. Daran gibt es keinen Zweifel. Und niemand kann das in Frage stellen – schon gar nicht ein Mönch.«

Martin hält mit Stellen aus dem Neuen Testament dagegen, die das Gegenteil belegen: »Jesus Christus ist unser Herr. Ihm allein sollen wir dienen und gehorchen. Und in der Bibel ist aufgeschrieben, was für Christen gilt.«

Cajetan geht darauf nicht ein, sondern beendet das Gespräch: »Schluss damit, du kleines Mönchlein. Du wirst widerrufen. Ob du willst oder nicht. Spätestens morgen.«

Am nächsten Tag erklärt Martin, dass nichts, was er bisher veröffentlicht hat, von der allgemeinen Meinung abweicht, sondern mit den Lehren der römischen Kirche übereinstimmt. Und er wird dieser Kirche auch weiterhin folgen.

Cajetan tobt: »Ich streite nicht mit dir. Ich bin nur bereit, dich mit Rücksicht auf deinen Kurfürsten Friedrich anzuhören, dich zu ermahnen und zu belehren. Nicht mehr.« Dann muss Martin den Raum verlassen.

In dieser Nacht schreibt er eine lange Abhandlung: Nicht der Papst ist die oberste Autorität der Kirche und der Gläubigen, sondern Jesus Christus, wie ihn die Heilige Schrift beschreibt. Deshalb müssen die Gesetze des Heiligen Vaters mit den Aussagen der Bibel übereinstimmen. Und der Gehorsam gegenüber Gott ist wichtiger als der gegenüber den Menschen.

Als Cajetan das am anderen Morgen hört, braust er auf und brüllt: »Widerrufe!« Er schreit lange. Niemand kommt zu Wort. Er weiß, dass keine Hoffnung mehr besteht: »Luther geh! Und komm nicht mehr zurück. Außer du willst widerrufen.«

Dann droht er und sagt bitter: »Aber von nun an kann dich niemand mehr schützen.«

Martin ist verunsichert und erleichtert zugleich. Weder er noch seine Freunde und Begleiter, wissen, was nun geschehen würde. Das Warten zermürbt sie. Mehrere Tage vergehen. Alle rechnen damit, dass der Bann auf ihn gelegt wird. Johann von Staupitz sieht nur noch einen Ausweg. Er sucht seinen Mitbruder am Abend in seinem Zimmer auf und befiehlt ihm: »Knie nieder.« Dann sagt er ohne Umschweife und mit schwerem Herzen: »Bruder Martin, ich entbinde dich von deinem Versprechen, dem Orden und mir gegenüber gehorsam zu sein. Und ich gebe dich in Gottes Hand.«

»Nein«, schreit Martin und hält sich am Gewand seines Beichtvaters fest. So als könne er sich mit den Händen gegen diese Worte wehren.

»Ich kann nichts mehr für dich tun. Es ist besser für dich. So bist du frei«, antwortet Staupitz. Seine Stimme bricht, als er das sagt. Damit ist Luther frei von den Pflichten, die ihm sein Ordensgelübde auferlegt. Aber er unterliegt auch nicht mehr der Obhut seines Ordens.

Zum Abschied sagt Johann von Staupitz: »Denk daran, dass du das alles im Namen unseres Herrn Jesus Christus angefangen hast.« Fest umarmen sich beide.

Später rüttelt jemand Martin aus dem Schlaf auf und fordert ihn auf, aus Augsburg zu fliehen. Er hat nicht einmal genügend Zeit, sich richtig anzuziehen. Ohne Stiefel und Messer, nur mit Kniehosen bekleidet, reitet er los. Seine Freunde lotsen ihn durch ein kleines Stadttor im Norden Augsburgs – von allen Wachen unbemerkt. In Nürnberg erfährt er, dass Kardinal Cajetan angewiesen ist, ihn zu verhaften. Am 31. Oktober erreicht Martin die Stadttore Wittenbergs. Vor genau einem Jahr hat alles scheinbar so harmlos begonnen. Doch zum Schweigen wird ihn jetzt niemand mehr bringen können.

Friedrich der Weise wird aufgefordert, Luther aus Sachsen auszuweisen und an den Papst auszuliefern. Doch der Kurfürst stellt sich hinter seinen Doktor und gewährt ihm Sicherheit – vorerst jedenfalls. In Wittenberg kann er sich wieder seiner eigentlichen Arbeit widmen und auch einige Schriften veröffentlichen. Über ein halbes Jahr später lässt ihm Johann Eck mitteilen, dass über seine Äußerungen und Thesen eine wissenschaftliche Auseinandersetzung geführt wird. Dafür sollen sich die Wittenberger Gelehrten in Leipzig einfinden. So hatte sich Martin das am Anfang gewünscht. Doch sein Diskussionsgegner ist mittlerweile ein erbitterter Feind geworden. Deshalb wird es wohl keine Aussicht auf einen guten Ausgang des Gesprächs geben. Zu viel ist in der Zwischenzeit passiert.

Das große Diskussionsduell in Leipzig

Im vorderen Wagen sitzt Andreas Karlstadt. Angestrengt blättert er in einigen seiner Bücher: Mit ihnen will er sich auf die Themen der Diskussion vorbereiten. Hinter ihm fahren Martin, sein enger Vertrauter Philipp Melanchthon sowie einige andere Kollegen aus Wittenberg. Luther ist froh, dass auch Philipp dabei ist. Seit Längerem arbeiten sie zusammen und mittlerweile schätzen sie sich. Das war nicht immer so. Als Melanchthon an die Universität kam und den Unterricht für Sprachen übernahm, war Martin von ihm wenig angetan. Sein jetziger Freund wirkte damals sehr zurückhaltend, fast schüchtern und ist zudem fast einen Kopf kleiner. Erst nach und nach lernt er Melanchthons scharfsinniges Denken und seine klaren Worte zu schätzen – das werden sie in den nächsten Tagen gut brauchen können.

Mindestens zweihundert bewaffnete Studenten geben den Männern Geleit. Der Zug passiert am Freitag nach Fronleichnam 1519 das Grimmaische Stadttor in Leipzig. Vor der Paulinerkirche kommt er plötzlich zum Stehen, denn ein Rad am ersten Wagen bricht, dieser stürzt um und Doktor Karlstadt zieht sich eine größere Verletzung zu. Nach diesem Zwischenfall bezieht Martin sein Quartier in der Hainstraße. Dr. Eck ist mit seinem Diener schon zwei Tage zuvor angereist.

Die wissenschaftliche Auseinandersetzung beginnt am

Montagmorgen mit einer feierlichen Messe für zwölf Stimmen in der Thomaskirche. Sie ist extra für diesen Anlass komponiert worden. Nach dem Ende des Gottesdienstes formiert sich ein Zug in Richtung Pleißenburg – sie ist nur wenige Schritte entfernt. Dort ist die Hofstube mit zwei Kathedern für die beiden Kontrahenten und vielen Bänken für die Zuschauer versehen worden. Die jeweiligen Begleiter und Anhänger gruppieren sich in zwei verschiedenen Ecken. Johann Eck hat einige Gelehrte aus Leipzig mitgebracht. Auch die meisten Zuhörer sympathisieren mit ihm. Juristen aus Erfurt und Paris überwachen die Unterredungen offiziell.

Das Verfahren ist lange ausgehandelt worden und folgt einem strengen Ablauf: In der zweistündigen Eröffnungsrede werden alle Beteiligten ermahnt. Jeder Redner soll bescheiden auftreten und auf Gehässigkeiten oder falsche Beschuldigungen verzichten. Gegen zwei Uhr nachmittags treten Johann Eck und Andreas Karlstadt endlich an die Pulte. Doktor Eck brennt darauf, sich mit Worten zu duellieren. Er wirkt überlegen und selbstbewusst. Und er ist bekannt dafür, dass er lange Redebeiträge seiner Gegner aus dem Kopf wiederholen und sie Stück für Stück widerlegen kann. Deshalb hat er nur einen kleinen Zettel vor sich.

Vier Tage diskutieren beide Gelehrte miteinander. Andreas Karlstadt ist von seinem Sturz noch angeschlagen. Trotzdem muss er zuerst sprechen, weil er in der Wittenberger Diensthierarchie an oberster Stelle steht. Er spricht mit schwacher Stimme, kramt ständig in einem Berg ungeordneter Zettel und lässt sich von Assistenten soufflieren. Martin sitzt die ganze Zeit mit Philipp Melanchthon in seiner Nähe. Er ist mit seinem Freund unzufrieden und ballt unwillkürlich seine Hände zu Fäusten. Hoffentlich wird er bald die Gelegenheit haben, sich in die Diskussion einzuschalten. Denn bisher gibt es keine nennenswerten Ergebnisse und Erfolge zu verbuchen.

Am 4. Juli macht plötzlich eine Todesnachricht die Runde. Johann Tetzel ist nach schwerer Krankheit im Dominikanerkloster in der Nähe der Pleißenburg verstorben. Martin hatte ihm kürzlich noch einen Brief geschrieben. Er wollte ihn trösten und bot ihm an, sich miteinander zu versöhnen. Doch dazu kam es nicht mehr. Vor allem Ecks Anhänger sind an diesem Morgen sehr bestürzt. Auch die Besucher, die sich auf den letzten Plätzen drängen oder am Rand und zwischen den Reihen stehen, sind erschüttert. Doch die Spannung überwiegt bald. Denn heute wird Doktor Eck mit Martin über den Rang der Kirche und die Stellung des Papstes diskutieren. Luther macht deutlich, dass er die Macht des Heiligen Vaters nicht anzweifelt, jedoch ablehnt, dass dieser direkt von Gott eingesetzt ist.

Johann Eck hält dagegen: »Jesus Christus hat für die Kirche auf Erden ein Oberhaupt eingesetzt, den Papst. Ihm muss sich jeder unterordnen.«

»Nicht der Papst, sondern Jesus Christus ist das Oberhaupt, denn Matthäus sagt am Ende seines Evangeliums: Christus spricht: Ich bin bei euch alle Tage bis an das Ende der Welt«, erwidert Martin.

Doktor Eck beruft sich auf das Bekenntnis des Petrus: »Du bist Petrus, auf diesen Felsen will ich meine Kirche bauen. Ich will dir die Schlüssel des Himmels geben. Was du auf Erden binden wirst, soll auch im Himmel gebunden sein. Und alles, was du auf Erden lösen wirst, soll auch im Himmel gelöst sein.«

Er unterbricht und erklärt: »Seit über tausend Jahren leiten wir aus diesen Worten die besondere Stellung des Papstes ab. Niemand sonst hat sie.«

»Matthäus beschreibt in seinem Evangelium, dass Petrus einen felsenfesten Glauben an Jesus Christus hat. Damit ist er für uns ein Vorbild. Der Papst ist ein Bischof. Nämlich der Bischof von Rom. Und als solcher ist er den anderen Bischöfen gleich geordnet«, entgegnet Luther.

Dann macht er deutlich, dass der Heilige Vater keine Entscheidungen treffen kann, die nicht mit der Bibel übereinstimmen, denn die Heilige Schrift ist ihm in der Rangfolge vorgeordnet. Das Wort Gottes ist das einzige Fundament, auf das sich alles gründet.

Johann Eck taktiert geschickt. Er zitiert Sätze von Jan Hus, einem Theologen. Martin kann nichts Anstößiges an ihnen finden und befürwortet sie. Eck lächelt und erklärt, dass ein Kirchenkonzil diese Lehren von Jan Hus verboten und ihn als Ketzer verbrannt hat.

»Auch Konzilien können irren und sie haben schon geirrt«, erwidert Martin.

Plötzlich ist es ganz still im Raum. Wie beklemmt sitzen alle da. Er hat klar und deutlich gesagt, dass die Beschlüsse eines rechtmäßig eingesetzten Konzils für ihn nicht verbindlich sind. Und er hinterfragt dessen Autorität.

Johann Eck betrachtet Martin kühl, fast wie ein Objekt. Nun hat er ihn dort, wo er ihn von Anfang an haben wollte: Sein Rivale hat gestanden. Mit sich zufrieden geht er an seinen Platz und setzt sich.

Martin stockt der Atmen. Was würde jetzt geschehen? Er kann nicht mehr zurück. Und er will es auch gar nicht. Gerade hat er sich zu einem Ketzer bekannt. Er weiß, wie gefährlich, aber auch wie wichtig dieser Moment für ihn persönlich ist. Sollte man ihn als Ketzer verurteilen, hat ihn einzig und allein die Bibel dazu gemacht. Denn sein Verständnis von der Heiligen Schrift kann er von nun an auch nicht vor den kirchlichen Vertretern verbergen. Wer Gottes Wort kennt und an Jesus Christus glaubt, der braucht nicht fragen, was Konzile dazu sagen. Niemand kann über Wahrheiten verhandeln und abstimmen. Schon gar nicht über die Wahrheit Gottes.

Dann vergehen einige Tage. Die Verhandlung wird über andere Themen weitergeführt und wenig später offiziell für beendet erklärt. Was nun mit Martin geschieht, kann hier nicht entschieden werden. Es wird sich aber bald zeigen.

*

Johann Eck informiert die Kurie in Rom über die Ereignisse während der Diskussion in Leipzig. Es geht schon lange nicht mehr nur um den Ablass. Martin hat den Papst und seine Autorität viel radikaler in Frage gestellt als bisher, deshalb wird das Verfahren gegen ihn in ein neues Stadium gehen. Eine Kommission, in der Eck selbst, aber auch Kardinal Cajetan mitarbeiten, entwirft eine Bulle gegen Luthers Schriften: »Erhebe dich, Herr, und richte deine Sache, die dir vor den Toren widerfährt. Ein wildes Schwein aus dem Wald will deinen Weinberg verwüsten. Erhebe dich, Petrus, erhebt euch, ihr Heiligen mitsamt der ganzen christlichen Kirche.«

Dieser feierlichen Eröffnung folgen 41 Sätze, die aus Martins Schriften zitiert sind und sich auf die bisherigen

Streitpunkte beziehen. Nach langer Beratung in vier Sitzungen verwirft der Papst im Sommer 1520 diese Aussagen Luthers und verdammt sie als Irrtümer. Für alle Gläubigen und die kirchlichen Institutionen macht er das durch die Androhung des Banns verbindlich. Und das hat Folgen: Niemand, weder ein einfacher Christ noch ein kirchlicher Würdenträger, darf die verdammten Sätze vertreten oder befürworten. Jedem ist untersagt, die betreffenden Bücher, Schriften oder Predigten zu lesen. Sie sollen zusammengetragen und in Gegenwart eines Priesters feierlich verbrannt werden. Luther wird aufgefordert, seine Irrtümer innerhalb der nächsten 60 Tage schriftlich zu widerrufen. Sollte er sich weigern oder die Frist nicht einhalten, wird er festgenommen und nach Rom gebracht.

Die Bulle wird in der Peterskirche und der päpstlichen Kanzlei ausgehängt. Johann Eck hat die Aufgabe, sie in Deutschland zu verbreiten. Er lässt sie an den Domen in Meißen, Merseburg und in Brandenburg anschlagen. Von Leipzig aus schickt er einen Boten nach Wittenberg, der die Bulle am 10. Oktober überstellt. Doch Martin weiß schon bevor Ecks Bote eintrifft, was dieser bei sich hat.

Einige Tage tut er so, als sei das Schreiben eine Fälschung. Nach außen gibt er sich gelassen und wirkt fast grenzenlos überlegen: »Endlich ist diese römische Bulle angekommen. Und ich kann nur lachen. Was mich angeht, so bin ich unbesorgt. Denn es geschieht, was Gott will. Ich freue mich, dass ich für diese gute Sache leiden darf. Ich bin stolz, dass mich die Doktoren, Bischöfe und Fürsten hassen. Sie werden bald erkennen, wen sie verworfen und verfolgt haben.«

Doch Martin weiß genau, in welcher Gefahr er sich befindet. An seinen Freund Staupitz schreibt er: »Als wir in Augsburg waren, hast du zu mir gesagt ›lieber Bruder, bedenke, dass du das alles im Namen unseres Herrn Jesus Christus angefangen hast‹. Bisher ist in dieser Sache nur gescherzt worden. Jetzt ist es ernst! Sehr ernst.«

Innerlich löst sich Martin immer mehr von seiner Kirche. Mittlerweile liegt ihm nichts mehr daran, sich mit Leo X auszusöhnen und den Konflikt zu beenden. Er kann und will nicht mehr demütig sein, sondern wird seine Sache zu Ende führen. Egal wie der Papst darauf reagiert und was das für ihn selbst bedeutet. Und das demonstriert er auch: Er bittet seinen Kollegen und Freund Philipp Melanchthon eine Einladung zu schreiben. Am Tag, an dem die Frist zum Widerruf abläuft, heftet Philipp sie an die Tür der Stadtkirche: »Alle frommen Wittenberger Studenten, die für das Evangelium von Jesus Christus eintreten und an der Wahrheit interessiert sind, finden sich pünktlich um neun Uhr am Abend an der Kapelle zum Heiligen Kreuz, außerhalb des Elstertors ein.«

Der Anschlag macht unter den jungen Männern an der Universität schnell die Runde. Was sie genau erwartet, wissen sie nicht. Einige ahnen es. In kleinen Gruppen gehen sie in der Abenddämmerung zum verabredeten Ort. Als sie das Elstertor passieren, sehen sie weiter außerhalb Äste, Stämme und anderes Holz zu einem Haufen aufgeschichtet. An dieser Stelle werden sonst die Kleider der Pestopfer verbrannt, damit sich niemand mit dieser todbringenden Krankheit anstecken kann. Jeder der den Holzhaufen sieht, weiß Bescheid, welches Spektakel gleich stattfinden wird.

Kurz nach neun Uhr steckt ein Mitarbeiter der Universität den Haufen mit einer Fackel an mehreren Stellen in

Brand. Nach einigen Minuten brennt der Stapel lichterloh. Jetzt holt er mehrere Bücher hervor. Es sind Sammlungen des römischen Kirchenrechts und Streitschriften von Johann Eck, außerdem ein Beichtbuch, unter dem Martin viele Jahre gelitten hat. Mit einem kräftigen Schwung wirft er sie ins Feuer. Viele jubeln und klatschen. Dann tritt Martin heran, in seiner Hand hat er einen Druck der Bulle, die ihm den Bann androht. Leise sagt er: »Weil du die Wahrheit Gottes zerstörst, vernichtet dich heute der Herr. Hinein mit dir ins Feuer.«

Innerlich aufgewühlt übergibt er das Schriftstück den Flammen. Sofort beginnen sie das Papier an den Rändern zu umzüngeln. Martin überzeugt sich, dass auch wirklich alles verbrennt, dann verschwindet er im Dunkel der Nacht und macht sich auf den Nachhauseweg. Nach ihm gehen einige Magister und Doktoren. Die Studenten bleiben noch lange und zelebrieren eine symbolische Leichenfeier. Sie besingen den Untergang der päpstlichen Vorschriften und verbrennen allerlei Schriften. Dieses Feuer vor den Toren der Stadt stellt für alle sichtbar das gesamte kirchliche Recht in Frage.

Am anderen Morgen spricht Martin in seiner Vorlesung über den vergangenen Abend: »Eigentlich hätten wir den Stuhl des Papstes verbrennen sollen, nicht nur wertloses Papier, auf dem seine Statuten stehen.«

Dann macht er seinen Zuhörern klar, dass sie ihr ewiges Leben aufs Spiel setzten, wenn sie sich nicht vom Papst abwenden: »Unsere Situation ist ernst. Jeder von uns muss sich entscheiden. Ich bin bereit, mein Leben hier auf Erden zu riskieren. Denn das, was Jesus Christus von uns will, ist etwas anderes als das, was die römische Kirche und Leo X von uns fordert. Keiner von den Amtsträgern in Rom spricht mehr die Wahrheit über Jesus Christus aus. Wendet euch von Rom ab!«

Es ist absolut still im Raum. Dann beginnt ein Student zu klatschen. Nach und nach stimmen alle in den Applaus ein.

*

Martin ist endgültig gebannt. Die römische Kurie stellt am 3. Januar 1521 ein Urkunde aus, in der er offiziell zum Ketzer erklärt wird. Von nun an werden ihm die Sakramente nicht mehr gespendet und den Gläubigen ist der Umgang mit ihm untersagt. Außerdem sind seine Lehren und Schriften verboten. Er ist von vielen gehasst und verachtet, doch er ist mindestens genauso bekannt. Seine Lehren, Appelle und Streitschriften haben ein ganzes Reich aufgerüttelt. Er ist zwar immer noch auf sich gestellt, aber er ist längst nicht mehr allein. Deshalb ist seine Sache auch eine Angelegenheit des ganzen Reiches geworden und er muss sich vor Kaiser Karl V verantworten.

Auf dem Reichstag in Worms stehen seine Lehren noch einmal auf der Tagesordnung. Deshalb muss Martin im April mit einem kleinen Tross dorthin reisen. In Erfurt macht er Halt und wird von seinem früheren Studienkameraden Crotus Rubeanus mit 40 Reitern und einer feierlichen Rede empfangen.

Am anderen Morgen predigt Martin in der Augustinerkirche. Sie ist bis auf den letzten Platz gefüllt – wie damals zur ersten Messe nach seiner Weihe zum Priester. Von Erfurt aus begleitet ihn Justus Jonas. Er steht ihm auf dem

Reichstag als juristischer Berater zur Seite. In allen Städten werden sie begeistert empfangen und bejubelt. Ihre Reise gleicht zeitweise einem Triumphzug. Am Morgen des 16. April erreichen beide mit einigen Reitern das Mainzer Tor in Worms. Um die zweitausend Menschen säumen die Straßen und Gassen. Ihr Quartier ist nahe der Unterkunft von Kurfürst Friedrich.

Schon einen Tag später muss Luther auf dem Reichstag erscheinen. Um vier Uhr am Nachmittag betritt er den Saal. Er sieht Kurfürsten und Fürsten, Herzöge und Grafen, Bischöfe und andere Würdenträger auf ihren Plätzen. Auch ein Sohn Christoph Kolumbus' ist anwesend. Insgesamt sind es mehrere hundert Menschen. In der Mitte sitzt Kaiser Karl V etwas erhöht. Er ist prächtig gekleidet und wirkt unnahbar. »Hier ist das ganze Reich vertreten. Ich stehe einer Nation gegenüber.«

Bei diesem Gedanken stockt Martin der Atem. Auf einem Tisch liegen zwei Stapel Bücher, etwa 20 Stück. Martin erkennt sie. Es sind Drucke seiner Schriften. Bevor er sich noch weiter umsehen kann, weist ihn ein prächtig gekleideter Mann an, auf die gestellten Fragen nur kurz zu antworten. Ausführliche Begründungen oder eine längere Diskussion untersagt er ihm ausdrücklich. Dann übernimmt der Erzbischof von Trier die Verhandlungsführung. Feierlich beginnt er: »Martin Luther, die kaiserliche Majestät hat dich aus zwei Gründen hierher bestellt. Zunächst um zu erfahren, ob du dich öffentlich zu den Büchern bekennst, die unter deinem Namen verbreitet worden sind.«

Dabei zeigt er auf die Bücherstapel vor sich.

»Sollte dies der Fall sein, musst du erklären, ob du ihren Inhalt aufrechterhalten willst oder widerrufst.«

Martin wirkt ängstlich. Die Sicherheit, mit der er in Wittenberg auftritt, ist wie weggeblasen. Er sagt so leise, dass er nur schwer zu verstehen ist: »Diese Bücher habe ich alle geschrieben. Zusätzlich zu diesen habe ich noch andere verfasst.«

Alle warten gespannt auf eine ebenso eindeutige Antwort, ob er seine Schriften verteidigt oder nicht. Viele hoffen, dass er sich zum Papst bekennt, damit wieder Ruhe einkehrt. Doch die meisten sehen ihn vor ihrem inneren Auge schon brennen. Martin zögert einen Moment, denn er ist darauf eingestellt, über bestimmte Sätze und Aussagen zu diskutieren. Dass er sich pauschal bekennen muss, hat er nicht erwartet. Deshalb erklärt er: »Die zweite Frage will ich nicht unbedacht beantworten und dabei das Wort Gottes verletzen oder mein Seelenheil gefährden. Ich bitte deshalb um Bedenkzeit.«

Dann senkt er demutsvoll seinen Kopf. Eine bessere Antwort hat er im Moment nicht parat.

Ein Raunen geht durch den Saal. Alle sind von Luthers Auftritt enttäuscht. Sie murmeln durcheinander und vermuten, dass es sich um einen Vorwand handelt. Er taktiert geschickt, meinen die einen. Die anderen denken, er ist entmutigt und verzweifelt. Karl V berät sich mit den Fürsten, dann tritt der Sprecher vor die Menge und sagt an Martin gewandt: »Doktor Luther, du weißt wozu du hierher gerufen wurdest und als Theologe musst du eine feste Meinung in Glaubensfragen haben. Du verdienst deshalb eigentlich keine Bedenkzeit mehr. Doch unser Kaiser gesteht dir gnädigerweise einen Tag zu. Morgen zur gleichen Zeit wirst du wieder erscheinen. Spätestens dann musst du deine Irrtümer öffentlich bekennen und widerrufen. Sonst kann der Kaiser nichts mehr für dich tun. Er ist dann gezwungen, Papst Leo zu unterstützen.«

Damit ist die Angelegenheit für diesen Tag beendet. Martin wird hinausgeführt und in sein Quartier gebracht. Nach und nach löst sich seine Anspannung wieder. Doch was wird er morgen sagen? Darauf bereite er sich die ganze Nacht bis in die frühen Morgenstunden gründlich vor.

Am Nachmittag des 18. April wiederholt der Sprecher seine Frage vom Vortag und drängt auf eine Entscheidung. Alle im Raum erwarten einen niedergeschlagenen Mönch, der nun endlich bereit ist, alles zurück zu nehmen. Doch Martin ist nicht mehr zurückhaltend. Er spricht laut, fast leidenschaftlich. Jedes einzelne seiner Worte hat er sich gut überlegt und er holt weit aus: »Meine Schriften sind sehr unterschiedlich. In einigen beschreibe ich die Frömmigkeit und den christlichen Glauben. In anderen richte ich mich gegen den Papst und die Kirche.«

Ihm ist heiß und er unterbricht kurz. »Und drittens habe ich einige Abhandlungen gegen einzelne Personen verfasst. Ich gestehe, dass ich hier schärfer geurteilt habe, als mein Beruf als Doktor der Heiligen Schrift und meine Stellung als Mönch es mir erlauben. Doch es geht ja auch nicht um meine Person, sondern um die Lehre Jesu Christi. Für mich gilt allein das Zeugnis der Bibel. Ich bin bereit, als Erster meine Bücher zu verbrennen, wenn mich jemand hier im Raum darüber belehrt, dass ich gegen die Heilige Schrift verstoßen habe.«

Der Sprecher will sich auf keine lange Diskussion mehr einlassen, er fordert eine eindeutige Antwort. Und auch Martin erklärt selbstbewusst: »Wenn ich nicht durch die Heilige Schrift oder durch die menschliche Vernunft widerlegt werde, kann ich nicht widerrufen. Und solange mein Gewissen im Wort Gottes gefangen ist, kann ich nichts zurück nehmen, was ich geschrieben habe. Gott helfe mir dabei.«

Damit ist das Gespräch beendet. Zwei Beamte aus dem kaiserlichen Gefolge bringen ihn nach draußen. Auf der Treppe ruft jemand: »Jetzt haben wir dich!«

Und ein anderer schreit: »Ins Feuer mit dir.«

Die Stimmen sind sehr unterschiedlich. Viele fordern Martins Tod. Mindestens genauso viele rufen ihm aufmunternde und tröstende Worte zu. Er selbst ist überzeugt, dass er das Richtige gesagt hat. »Ich habe es hinter mir«, bemerkt er fröhlich. »Endlich! Lieber will ich sterben als widerrufen.«

Kaiser Karl bereut, dass er nicht schon früher energisch gegen Luther vorgegangen ist. Um einen Ausgleich wird er sich jetzt nicht mehr bemühen, sondern alles daran setzen, diese Sache zu beenden. Denn ein einzelner Ordensbruder muss irren, auch wenn er ein Gelehrter ist. Sonst wären ja alle Christen bisher im Irrtum gewesen. Karl muss seinem erbitterten Gegner allerdings freies und sicheres Geleit garantieren, so war es vor dem Reichstag mit Friedrich dem Weisen vereinbart worden. Doch er wird gegen Luther die Reichsacht verhängen und die Bannbulle des Papstes vollstrecken. Martin muss jetzt wirklich damit rechnen, dass er gewaltsam zu Tode gebracht wird.

*

Wenige Tage nach seinem Auftritt vor dem Reichstag verlässt Martin die Stadt in Richtung Wittenberg. Er reist über Oppenheim, Frankfurt und Hersfeld. In der Nähe der Burg Altenstein bei Eisenach überrascht ihn und seine Begleiter die Abenddämmerung. Der Weg durch den Wald verschwimmt vor ihren Augen. Die Konturen der Bäume können sie nur noch unscharf erkennen. Nebelschwaden ziehen durch das Dickicht. Müde sitzen die Freunde nebeneinander und schweigen, nur von Weitem hören sie klappernde Hufe und klirrende Waffen. Allmählich werden die Geräusche lauter und lauter, bis Reiter ihr Gefährt plötzlich umstellen und den Kutscher zum Anhalten zwingen. Die Pferde schnauben und scheuen vor Schreck. Ein maskierter Reiter brüllt mit vorgehaltener Armbrust: »Kutscher, wen hast du hinten in deinem Wagen?«

Bevor dieser antworten kann, reißt der Bewaffnete den Verschlag auf. Die Müdigkeit ist bei allen wie weggeblasen. »Sie wollen mir sicher ans Leben«, schießt es Martin durch den Kopf. »Hat es der Kaiser so eilig, mich umzubringen?«

Reflexartig greift Martin nach dem griechischen Neuen Testament und seiner Hebräischen Bibel. Beide kann er noch unter seine Arme klemmen, dann wird er unsanft vom Wagen gerissen und gezwungen, neben dem Pferd seines Entführers herzulaufen. Nach wenigen Schritten ist er für seine Freunde nicht mehr zu sehen. Sie können nichts mehr für ihn tun, außer beten. Nur etliche Flüche und wilde Beschimpfungen hören sie noch.

Hinter einem Baum steht für Martin ein Pferd bereit. Er muss aufsitzen und den Männern folgen. Neben und hinter ihm achten einige darauf, dass er nicht flieht. Lange reiten sie auf abgelegenen Pfaden durch die Nacht.

Junker Jörg auf der Wartburg

Erst geht es langsam bergauf. Dann wird der Weg immer steiler und die Pferde können ihr Tempo kaum halten. Martin hat das Zeitgefühl völlig verloren. Mittlerweile ist es sicher nach Mitternacht. Niemand spricht ein Wort. Dann ragen über ihm die schwarzen Konturen einer großen Festungsanlage auf. An der hölzernen Zugbrücke machen die Männer Halt und übergeben ihren Gefangenen an den wartenden Burghauptmann. Dieser bedeutet Luther, ihm zu folgen und führt ihn durch das Eingangsportal, quer über den Burghof, dann eine schmale Treppe hinauf. Vor einer Eichentür, deren Bänder sich weit über die Türfläche verzweigen, bleibt er stehen. Er öffnet sie und beide betreten eine geräumige Stube. Alles ging ganz schnell. Niemand hat etwas mitbekommen.

Der Hauptmann deutet auf Hose und Wappenrock, die Kleidung eines Adeligen. »Zieht das an. Jetzt gleich. Eure Mönchskutte lasse ich abholen. Ihr dürft diesen Raum erst einmal nicht verlassen. Und versucht gar nicht erst zu fliehen.«

Er wendet sich zur Tür und lächelt: »Gute Nacht!« Von außen schließt er ab.

»Ich lebe noch. Das muss die Wartburg sein. Die Burg auf den Felsen über Eisenach«, schießt es Martin durch den Kopf. Er geht auf und ab, zieht sich irgendwann widerwillig um und lässt sich auf das Bett fallen: »Was machen sie jetzt wohl mit mir? Wie lange muss ich hier bleiben?«

Der Wind pfeift durch die Ritzen und klappert an den Schiefern. Eulen und Fledermäuse streichen an seinem Fenster vorbei. Luther wälzt sich unruhig hin und her. Immer wieder sieht er dieselben Bilder vor sich: den Kaiser auf dem Reichstag und die vielen Menschen, die entweder jubelten oder tobten und fluchten. Und die bewaffneten Reiter, die nach ihm griffen und ihn unsanft durch die Dunkelheit trieben. Erst in der Morgendämmerung schläft er ein.

Wenige Stunden später klopft jemand vorsichtig an der Tür und sagt leise: »Junker Jörg, ich bringe euch das Essen.«

Ein Bediensteter betritt den Raum und stellt ein Tablett auf dem Tisch ab. Die Mönchskutte nimmt er mit und verschwindet ohne ein weiteres Wort.

Martin schreckt hoch und ist sofort hellwach. Für den ersten Moment weiß er gar nicht, wo er ist. »Wie hat mich der Mann eben angesprochen? ... Junker Jörg?« Er ist irritiert. Erst nach und nach erinnert er sich, was in den letzten Stunden geschehen ist und starrt minutenlang an die von oben bis unten mit Holz vertäfelte Wand. Seine Augen verfolgen die Maserung, die sich unregelmäßig über die Bretter zieht. Und an vielen Stellen entdeckt er Einkerbungen, die sich um die Astlöcher ranken. Ihn lässt ein Gedanke nicht mehr los. Friedrich der Weise ließ ihm in Worms etwas ausrichten: »Es wird etwas Unvorhergesehenes geschehen, wenn ihr wieder auf kursächsischem Gebiet seid«, hatte der Bote gesagt.

Luther hatte diesen Worten keine größere Beachtung

geschenkt. Nun versteht er, was sie bedeuten: »Das war geplant. Es sollte nur so aussehen, als ob ich einem Gewaltverbrechen zum Opfer gefallen wäre. Alle denken, dass ich nicht mehr lebe. Eine abenteuerliche Idee! Und eine geniale noch dazu. Das muss ich Friedrich lassen.«

Er schlägt die dünne Decke beiseite und steht langsam auf: »Nicht einmal meine Freunde in Wittenberg wissen, wo ich bin. Sie machen sich bestimmt schon große Sorgen um mich.«

Martin geht ans Fenster. Die Butzenscheiben mit den kleinen Bleiglasrundungen bieten ihm allerdings keinen klaren Blick nach draußen: »Ich bin erst einmal von der Bildfläche verschwunden. Und Kurfürst Friedrich hat sich damit wahrscheinlich geschickt aus der Affäre gezogen. Kaiser Karl kann seinen Zorn jedenfalls nicht an ihm auslassen. Das ist ein gut durchdachter Schachzug.«

An diesem Tag macht Luther nichts – zum ersten Mal seit Langem. Er genießt die Stille und Abgeschiedenheit der Burg. Wie lange hat er sich vergeblich nach dieser Ruhe gesehnt. Niemand will eine Auskunft, einen Brief oder eine Anweisung von ihm. Keiner drängt ihn, dieses oder jenes zu tun. Nur ab und zu hört er, wie die Vögel in den Türmen mit den Flügeln schlagen.

Die Zeit scheint still zu stehen. Nach zwei Wochen darf er seinen ersten Spaziergang machen. Denn Martin hat sich äußerlich bereits so verändert, dass er sich selbst kaum wieder erkennt – und so wird wohl auch niemand anderes Verdacht schöpfen: Er trägt jetzt einen Vollbart und lässt seine Haare wachsen. Die kahle runde Stelle an seinem Hinterkopf, die ihn bisher als Mönch gekennzeichnet hat, ist fast verschwunden. Auch die Thüringer Klöße, etliche

Kochwürste und halbe Spanferkel tun ihr Übriges. Nach und nach verschwinden seine hageren, strengen Gesichtszüge. Sein Körper wird füllig und wirkt massiv, so dass er sich beim Gehen mittlerweile mehr nach hinten beugt als nach vorn.

Jedes Mal wenn Luther die schützenden Mauern der Burg verlässt, schickt der Hauptmann einen bewaffneten Knecht mit, der über dessen Schritte wacht. Meistens laufen sie mehrere Kilometer durch die rauschenden Wälder der Gegend. An einer Stelle haben sie einen freien Blick auf das Tal und über die Stadt: »Mein liebes Eisenach! Hier bin ich gern gewesen. Auch heute fühle ich mich noch heimisch hier«, sagt Martin leise und bleibt stehen. Er sieht den Turm der Georgenkirche. Zu ihr gehörte damals eine Schule. »In meiner Kindheit und Jugend bin ich dort jeden Tag hineingegangen. Drei Jahre lang. Jeden Morgen vor dem Unterricht hat der Direktor seinen Hut vor uns gezogen. Denn er glaubte, Gott habe einige von uns zu Höherem berufen«, denkt Luther und lächelt, als er sich daran erinnert. »Insgeheim habe ich mich angesprochen gefühlt. Zum Glück wusste ich damals noch nicht, was alles auf mich zukommen würde. Ich wäre glatt verzweifelt und davongelaufen.«

Er war bei Ursula Cotta untergebracht. Vom ersten Moment an fühlte er sich zu ihr hingezogen. Sie konnte gut singen, war freundlich und in den Augen eines heranwachsenden Schuljungen äußerst attraktiv: »Wie verliebt ich in sie war«, erinnert er sich. »In ihrer Nähe zu sein und sie anzuschauen war für mich das größte Glück. Auch als ich schon nicht mehr in Eisenach war, habe ich viel an sie gedacht. Seitdem habe ich sie nicht wieder getroffen.«

Im selben Haus wohnte der Ratsherr Caspar Schalbe mit seiner Familie. Caspar Schalbe war ein gebildeter Mann und konnte Gedichte und Verse schreiben. Er lud Luther regelmäßig ein, wenn er Freunde zu Gast hatte. Gemeinsam sangen sie erbauliche Lieder. Es ging immer fröhlich und gesellig zu. Und Martin lauschte, wenn sie über Gott und Jesus Christus sprachen. »Dieser Kreis hat mich bis heute sehr geprägt, denn diese Männer haben ihren Glauben wirklich gelebt«, denkt er.

»Junker Jörg«, ruft sein Begleiter. »Ja«, stammelt Martin etwas verspätet, denn an seinen neuen Namen hat er sich immer noch nicht gewöhnt.

»Wir müssen zurück. Der Burghauptmann erwartet uns bereits.«

»Jetzt schon?« Widerwillig gibt Luther der Forderung nach. In den nächsten Wochen kann er seine Haft häufiger verlassen und Eisenach sogar allein besuchen. Dann huscht er schnell durch die engen Gassen, um möglichst unbeobachtet zu bleiben. Manchmal erschrickt er, wenn er jemandem begegnet. Er geht zu den Häusern, in denen seine Verwandten lebten und zum Teil jetzt noch wohnen. Gelegentlich nehmen ihn einige edle Herren mit auf die Jagd. Doch zu diesen Ausflügen hat er weder große Lust noch das nötige Geschick.

*

Wie vom Wind getragen, jagt die Nachricht durchs Land, dass Luther gewaltsam entführt und getötet wurde. Bauern, Bürger und Gelehrte sind niedergeschlagen und wie gelähmt. Niemand will und kann es glauben. Doch von

Tag zu Tag wird das Entsetzen zur Gewissheit. In Worms, Wittenberg und anderen Orten kommt es deshalb zu handgreiflichen Auseinandersetzungen. Nur Philipp Melanchthon und Martins enge Freunde wissen inzwischen, wo er sich aufhält. Ihre Briefe halten ihn über die aktuellen Vorgänge auf dem Laufenden: »Martin, ich grüße dich. Seit wir ohne dich und deine Hilfe auskommen müssen, arbeiten Johannes Bugenhagen, Justus Jonas, Andreas Karlstadt und viele andere an unserer Sache weiter. Zum Teil können wir die Veränderungen und die Reformen schon umsetzen. Und wir sind erfolgreich.

Denn es hat sich schon einiges verändert: Die Messe im Augustinerkloster wird nicht mehr nach der alten Weise gefeiert, sondern nach der neuen Ordnung. Das Wort Gottes und seine Auslegung stehen jetzt im Zentrum – nicht mehr nur das Abendmahl. Dreizehn Mönche haben ihre Kutte abgelegt. Sie leben jetzt außerhalb der Klostermauern, arbeiten als Schuster oder Schreiner und haben eine Frau geheiratet. Das Graue Kloster der Franziskaner steht fast leer. Auch einige Priester haben ihre Weihe und den Zölibat aufgegeben. Ihr Beispiel macht bei anderen Geistlichen in Meißen und Mansfeld Schule. Auch sie sind diesen Schritt gegangen.

Es wird immer notwendiger, dass wir die Bibel endlich in unserer Muttersprache lesen können. Du musst beginnen, sie zu übersetzen. Jetzt hast du die Zeit dafür.

Wir alle hoffen und wünschen, dich bald wieder bei uns zu haben. Ich bewundere deinen Mut und deinen Glauben. Wir beten für dich und erbitten dein Gebet auch für uns. Ich grüße dich von meiner Frau. In Verbundenheit mit Christus. Philipp Melanchthon«

Martin ist dankbar über jeden Kontakt nach außen und die erfreulichen Nachrichten – seine Ideen fallen auf fruchtbaren Boden. Trotzdem staunt er über die mutigen Schritte, die einige so schnell gehen. Zugleich fürchtet er, dass es dafür noch zu früh ist, und viele überstürzt handeln. Luther mahnt seine Freunde und Kollegen zur Vorsicht, bittet sie aber auch, entschlossen die neue Lehre zu predigen. Seinen Briefen legt er kurze Abhandlungen mit Hinweisen bei. Einige von ihnen gibt er sogar über einen Mittelsmann in Druck und veröffentlicht sie unter einem anderen Namen.

Wenige Wochen später stirbt Papst Leo X. Sein Tod bedeutet jedoch nicht das Ende der Auseinandersetzung zwischen der römischen Kirche und den Reformatoren in Wittenberg. Denn auch Leos Nachfolger, Hadrian VI und Clemens VII, werden den harten Kurs und den erbitterten Kampf ihres Vorgängers fortführen.

*

Es ist Winter geworden. In den Nächten ist die Kälte so beißend, dass der Lauf der Hörsel am Fuß der Wartburg schon lange zugefroren ist. Seit Tagen fällt Schnee und hüllt den Thüringer Wald in ein malerisches Weiß. Jeden Morgen schürt ein Bediensteter der Burg den Kachelofen in Luthers Stube an und bringt Holz für den Tag mit. Jetzt ist Martin schon ein gutes halbes Jahr in freiwilliger Schutzhaft und je länger seine Zwangspause dauert, desto ungeduldiger wird er: »Ich kann hier nicht länger dasitzen. Ich muss etwas tun«, ruft er, obwohl er allein ist.

Hektisch geht er umher und bleibt am Fenster stehen:

»Ich will wieder selbst in die Öffentlichkeit und endlich weiterführen, was ich begonnen habe.« Doch er muss abwarten und sich gedulden.

Schon lange schiebt er eine Aufgabe vor sich her, weil er weiß, wie schwer sie zu bewältigen sein wird. Jetzt hat er Zeit dafür. Und alles in ihm drängt danach: »Ich werde das Neue Testament ins Deutsche übertragen«, platzt es aus ihm heraus. »Philipp treibt mich ja schon lange dazu an. Und er hat Recht.«

Die Bibel steht im Mittelpunkt von Luthers Theologie. Möglichst alle Gläubigen sollen sie selbst lesen und verstehen können. Bisher stehen Priester zwischen den Worten des Evangeliums und den Gläubigen. Sie vermitteln die Wahrheit über Jesus Christus. Das wird künftig anders sein. Wenn jeder die Bibel auf Deutsch liest, kann er einen eigenen Zugang finden und die Worte auf sich wirken lassen.

Martin legt noch ein großes Holzscheit in den Kachelofen: »Ich will allen Christen Gottes Wort an die Hand, ins Ohr und vor allem ins Herz geben. Sie müssen es in sich aufnehmen können, wie das tägliche Brot. Dann kann ihr Glaube lebendig sein.«

Er setzt sich wieder an seinen Schreibtisch: »Nur so kann jeder den Glauben erleben wie ich damals in Erfurt. Es war ein gewaltiges Ereignis.«

Nervös blättert Luther im griechischen Neuen Testament, das er während des Überfalls in seinen Mantel gesteckt hatte: »Ich habe erst dem Papst und dann dem Kaiser die Stirn geboten. Das kann nicht ohne Folgen für die Gläubigen bleiben. Auch für sie muss sich etwas ändern.«

Von Philipp lässt er sich Wörterbücher und Grammatiken besorgen; aber auch Bibeln in anderen Sprachen. Einige Ausgaben des Neuen Testaments sind bereits auf Deutsch erschienen. Allerdings in dem Dialekt, der in dem speziellen Landstrich des Übersetzers gesprochen wird. Martins großer Tisch ist voller Bücher, er liest die Texte in der Originalsprache, geht in Gedanken andere Passagen durch und schreibt erste Übersetzungsversuche auf einen Notizzettel.

Immer wieder unterbricht er seine Arbeit: »Das Evangelium spricht zu mir ganz klar. Und ich muss so übersetzen, dass es die Mutter zu Haus, das Kind auf der Gasse und der einfache Mann versteht. Wenn ich das nicht schaffe, bin ich ein dummer Esel.«

Er muss so arbeiten, dass ihm jeder im ganzen Reich folgen kann: »Ich bin weit herumgekommen. In jedem Ort sprechen die Menschen einen anderen Dialekt. Manchmal sind keine 50 Kilometer dazwischen. Die Bayern verstehen die Thüringer nicht und die Thüringer können sich nicht mit den Schwaben austauschen.« Deshalb wählt er neue Ausdrucksformen und eine einheitliche Sprache. Er orientiert sich dabei am sächsischen Kanzleideutsch.

Luther überträgt das Evangelium nach Matthäus, Lukas und Johannes sowie die schwierig zu lesenden Paulusbriefe. Am Ende des zwölften Kapitels bei Markus liest er den Abschnitt, der vom Dankopfer nach dem Gottesdienst erzählt: Die reichen Besucher legen viel Geld in den Kasten. Doch sie geben von ihrem Überfluss. Eine verwitwete Frau kann nur zwei *Lepta* opfern, ein Geldstück mit sehr geringem Wert. In Jesu Augen hat diese Geste jedoch eine sehr hohe Bedeutung, denn die Witwe gibt etwas, das sie eigentlich selbst zum Leben braucht.

Martin grübelt, wie er die Münze in eine korrekte und verständliche Währung bringen kann: »Heller und Pfennig sind vielen bekannt. Ein Pfennig ist aber mehr wert als ein Lepta.«

Er überlegt hin und her: »In Erfurt habe ich manchmal mit dem Scherf bezahlt. Außerhalb dieser Gegend gibt es dieses Geld gar nicht.« Der Scherf ist eine fast unscheinbare Bronzemünze mit dem Wert eines halben Pfennigs. Sie hat eine Bruchstelle, an der man sie sogar teilen und ihren Wert noch einmal halbieren kann.

Auf seinen Zettel schreibt er: »... und eine arme Witwe legt zwei Scherf ein. Das macht zusammen einen Pfennig.«

Noch ist er nicht ganz zufrieden. Er geht umher und wärmt sich die Hände am Kachelofen: »Jetzt habe ich zwar korrekt übersetzt. Trotzdem muss ich auch noch deutlich machen, dass das nach menschlichem Ermessen scheinbar so Geringe von Jesus sehr hoch geschätzt wird. Am besten ich drücke das mit einer Verkleinerungsform aus.«

Er korrigiert sich: »Eine arme Witwe legt zwei Scherflein ein.«

So will er diesen Vers lassen. Als Überschrift wählt er: »Das Scherflein der Witwe.«

Worte wie *Lückenbüßer* und *Dachrinne* schafft Martin neu und umständliche Ausdrücke formuliert er prägnant, damit sie sich jeder Leser leicht einprägen kann. Die Redewendung »wem das Herz voll ist, dem geht der Mund über«, wird deshalb bald in den allgemeinen Sprachgebrauch eingehen. Wenn ihm die Fachkenntnis fehlt, holt er sie ein – so lässt er sich von einem Fleischer die Organe eines Schafes genau erklären. Und aus der Schatzkammer des Kurfürsten besorgt er Anschauungsmaterial, damit er sich die Edelsteine vorstellen kann, die in der Johannesoffenbarung beschrieben sind. An manchen Tagen fließt der Text förmlich aus seiner Feder und er bearbeitet weit mehr als zehn Seiten. Doch an vielen Stellen findet er keinen richtigen Anfang. Dann verbessert er sich so lange bis er das Papier schließlich zerreist. Mit der Zeit verschreibt er einen ganzen Korb Gänsefedern.

Nur elf Wochen braucht Martin für seine Übersetzung. Dann ist er fertig – vorerst jedenfalls. Er bespricht den Text mit Philipp, weil er als Griechischlehrer sehr sprachkundig ist. Beide können sich jetzt ab und zu sehen. Sie überarbeiten und verbessern grobe Fehler, bevor die ersten Exemplare in der Werkstatt Melchior Lotters in Wittenberg gedruckt werden. Insgesamt 5000 Bücher laufen durch seine beiden Pressen. Auf keinem Titelblatt erscheint allerdings Luthers Name. Das wäre zu gefährlich. Doch schneller als ihm lieb ist, wird er tatsächlich mit diesem Buch in Verbindung gebracht.

Luthers Übersetzung ist ein buchhändlerischer Erfolg. Obwohl es nach wie vor streng verboten ist, seine Schriften zu kaufen, sind nach knapp zwei Monaten alle Exemplare vergriffen. Schnell werden die ersten Nachauflagen in Auftrag gegeben. Handwerker und Bürger, Gelehrte und Geistliche reißen sich um die Bücher, sie lesen darin mit großer Neugier und saugen die Worte nur so in sich auf. Mägde und Knechte lassen sich daraus vorlesen. Viele lernen ganze Abschnitte auswendig und diskutieren miteinander. Alle suchen Trost und Halt, Gewissheit und Zuversicht.

Martin freut sich über diese Reaktionen. Genau das hat

er sich erhofft. Deshalb wird er kurze Zeit später auch das Alte Testament übersetzen. Dafür braucht er weit mehr Zeit, denn es ist umfangreicher, schwieriger und ihm nicht ganz so vertraut. Mit den fünf Büchern Mose kommt er gut voran, doch bei Hiob ringt er mit jedem Wort und schafft in vier Tagen manchmal nur drei Zeilen. Deshalb unterstützen ihn Philipp und Georg Spalatin.

Doch dann liegt die komplette Bibel vor – verziert mit farbigen Bildern. Zwei Bände umfasst dieses Gesamtwerk; beide sind in Leder gefasst. Doch bis zu seinem Lebensende lässt Luther die Arbeit mit diesen Texten nicht mehr los. Immer wieder überarbeitet und verbessert er sie.

Für diese bahnbrechende Leistung hat Martin nie Geld genommen. Sein persönlicher Lohn ist ein anderer: Er konnte seine Ängste und Zweifel bildlich gesprochen mit der Tinte besiegen. Seit seiner Jugend tauchten sie immer wieder wie aus dem Nichts auf. Sie krochen aus dem morgendlichen Nebel oder einer dunklen Ecke seiner Zelle und huschten wie ein Schatten auf ihn zu. Dann verschwanden sie für eine Weile, um ihn später wieder zu erschrecken. Doch seit er den Zuspruch der Bibel erkannt und für alle lesbar zu Papier gebracht hat, ist er gewiss. Lange hat er gekämpft und endlich gesiegt.

Und er bedauert, dass Johann von Staupitz die komplette Bibel nicht mehr in seinen Händen halten konnte, denn er verstarb zu früh. Beide hatten sich seit dem Reichstag in Worms nicht mehr gesehen und auch etwas aus den Augen verloren. Denn Staupitz wurde zum Domprediger in Salzburg und später zum Abt des Klosters Sankt Peter ernannt. Trotzdem erschüttert Martin die Todesnachricht. Ihm hat er viel zu verdanken.

Es gärt überall: Unruhen in Wittenberg und der Bauernaufstand

Hastig verstaut Martin seine Bücher und Schreibutensilien. Er blickt sich noch einmal um, dann verlässt er die Stube, in der er fast ein ganzes Jahr gelebt hat. Eilig sattelt er ein Pferd, verlässt die Wartburg und reitet nach Wittenberg. Niemand kann ihn aufhalten. Alarmierende Nachrichten treiben ihn an, die Philipp ihm zukommen ließ. Im Moment herrschen in Wittenberg chaotische Zustände: Studenten stören die Messe in der Schlosskirche und bedrohen jene Priester mit Waffen, die die Messe in herkömmlicher Weise zelebrieren. Sie jagen sie vom Altar und nehmen ihre Messbücher weg.

Andreas Karlstadt versucht verschiedene Reformen des Gottesdienstes umzusetzen. Er feiert die Messe ohne den üblichen Ornat, spricht nicht mehr auf Latein und teilt an die Gläubigen nicht nur das Abendmahlsbrot aus, sondern reicht ihnen dazu auch den Becher mit Wein, der bisher nur den Priestern vorbehalten war. Die Christen, darunter Männer aus dem Rat der Stadt, empfangen Brot und Wein auch ohne vorher gefastet oder gebeichtet zu haben. Ein äußerst anstößiges Verhalten, doch die Leute reißen sich begierig danach. Manche fordern sogar, dass alle Gläubigen das Priesteramt ausführen dürfen.

Außerdem lässt Karlstadt die Marienbilder und sämtliche Gemälde aus der Stadtkirche entfernen, einige sogar verbrennen. »Gott spricht nicht durch Bilder oder Büsten, sondern direkt zu uns«, lautet seine Parole. Daraufhin stürmen die Bürger Bilder und Altäre, zerbrechen Statuen und werfen sogar die Gebeine und andere Kostbarkeiten auf die Straße, die Friedrich der Weise in der Schlosskirche gesammelt hat.

Männer und Frauen pöbeln Mönche auf der Straße an und schikanieren sie, manche jagen sie sogar aus der Stadt. Einige drohen, das Augustinerkloster zu stürmen und zu plündern. Die ganze Bevölkerung ist angestachelt, etliche sind aber auch verunsichert. Doch die Geistlichen wissen nicht, was sie tun sollen.

»Was ist hier bloß los?« Martin erschrickt als er am Abend des 7. März 1522 Wittenberg erreicht. »Die ganze Stadt ist in Aufregung. Es ist entsetzlich. Nicht auszudenken, wenn sie sich im ganzen Umfeld ausbreitet.«

Kurzerhand sucht er Philipp Melanchthon auf.

»Gut, dass du endlich wieder hier bist. Wir sind völlig ratlos«, ruft Philipp zur Begrüßung enthusiastisch und umarmt ihn lange. Beide unterhalten sich und er erzählt Martin, was in der Zwischenzeit noch alles geschehen ist: Einige Studenten hätten Wittenberg bereits verlassen. Mittlerweile habe sich der Rat der Stadt eingeschaltet und eine Ordnung erlassen, ohne auf die Rechte des Kurfürsten Rücksicht zu nehmen. In dieser sei festgelegt, dass fremde Bettler vertrieben und die Wirtshäuser geschlossen werden sollen.

Als Luther das hört, empört er sich: »Es ist eine Schande. Ich habe gewusst, dass unsere Reformen Uneinigkeit und Streit auslösen werden. Aber das hier bringt alles in Verruf. Kurfürst Friedrich wird sich vor den Kopf gestoßen fühlen. Karlstadt hat großen Schaden angerichtet. Er war einer unserer besten Männer und jetzt das. Wie kann das sein?«

Auch Philipp ist von seinem früheren Kollegen enttäuscht und erzählt: »Er hetzt die Menschen auf. Sie kommen nicht mehr zur Ruhe. Sie machen das Evangelium dafür verantwortlich. Das ist das Schlimmste.«

Sein Gegenüber nickt und erklärt: »Wir müssen dieses Chaos im kirchlichen Leben beseitigen und die Praxis der Gottesdienste wieder in Ordnung bringen. Das geht nur, wenn wir das Tempo verringern und die Veränderungen schrittweise durchführen. Nur dann nehmen sie die Menschen wirklich an. Das Wort Gottes kann uns dabei helfen. Ich werde am Sonntag darüber predigen, wie es jetzt weitergehen muss.«

»Sei vorsichtig! Auch du bist in Gefahr«, erwidert Philipp. »Kurfürst Friedrich hat dir erst vor wenigen Tagen mitteilen lassen, dass du dich aus der Öffentlichkeit fern halten sollst. Du …«

Luther fällt ihm ins Wort: »Ich werde ohne Rücksicht auf mein Leben der Gemeinde helfen.« Er verabschiedet sich.

Noch in dieser Nacht bezieht Martin seine Studierstube im Klosterturm und verwandelt sich vom Junker Jörg wieder in den Mönch, als der er aufgebrochen war. Dann bereitet er sich auf den Gottesdienst und seine Predigt vor. Anders als sonst wird er seine Gedanken diesmal sicherheitshalber zu Papier bringen. Normalerweise spricht er auswendig.

Als Luther am Sonntagmorgen das Eingangsportal der Stadtkirche passiert, ist er innerlich aufgewühlt. Die Gläubigen drängen sich in den Bankreihen und freuen sich, dass er endlich wieder bei ihnen ist. Trotzdem ist die Atmosphäre angespannt, denn alle sind neugierig, was er ihnen zu sagen hat. Die meisten gehen davon aus, dass er sie ermutigen wird, weiterzumachen. Vielleicht wird er sogar noch neue Reformen vorschlagen.

Nach Gebet und Lesung steigt Martin auf die Kanzel. Sein Gesichtsausdruck ist ernst, aber wohlwollend, seine Stimme fest und kraftvoll:

»Ihr lieben Christen von Wittenberg! Ihr wisst aus dem Evangelium der Heiligen Schrift, wie wichtig der Glaube für unser Leben ist. Und ihr erfahrt es jeden Tag neu. Doch es reicht nicht aus, an Jesus Christus zu glauben. Denn genauso wichtig ist die Liebe und die Freiheit. Wie der Glaube auf Gott gerichtet ist, so ist die Liebe auf unsere Mitmenschen gerichtet.

Es ist richtig, im Gottesdienst das Abendmahl mit Brot und Wein zu empfangen. Und es ist gut, dass ihr keine Bilder und Statuen von Heiligen mehr verehrt, denn damit würdet ihr gegen das erste Gebot verstoßen.«

Er macht eine kurze Pause, um zu sehen, ob ihm alle folgen können. Dann spricht er weiter: »Doch wir müssen den Priestern und Mönchen, die nicht so denken wie wir, mit Liebe begegnen. Und wir können sie nicht zu den Veränderungen zwingen. Nur wenn wir Geduld mit ihnen haben und uns Zeit lassen, können wir zu Ende führen, was wir angefangen haben. Die Freiheit, die uns Jesus Christus schenkt, dürfen wir uns nehmen und müssen sie auch anderen zugestehen. Jeder hat diese Freiheit. Die einen dafür und die anderen dafür.«

Seine Zuhörer sind überrascht. Einige fragen sich, ob er

nicht konsequent zu Ende führen will, was er so kraftvoll begonnen hat. Doch sie versuchen, ihn zu verstehen. Um seine Position zu stärken, spricht Luther an jedem Tag in dieser Woche zu den Gläubigen. Nach und nach entschärft sich der Konflikt und die Lage beruhigt sich tatsächlich wieder. Sein früherer Kollege Karlstadt räumt ein, dass er zu weit gegangen ist und verlässt daraufhin Wittenberg für immer. Und Martin ist erleichtert. Trotz seiner langen Abwesenheit genießt er noch immer das volle Ansehen seiner Gemeinde. Deshalb wird er in nächster Zeit viel Energie darauf verwenden, die begonnenen Reformen konkret zu machen und ungeklärte Fragen zu beantworten: In jedem Gottesdienst wird auf Deutsch gepredigt und damit ist die Auslegung des Wortes Gottes genauso wichtig wie die Feier des Abendmahls. Und er lockert den Zwang, in jedem Gottesdienst beichten zu müssen. Luther führt Lieder ein, die an festen Stellen in der Liturgie von der Gemeinde gesungen werden. Damit verleiht er jedem Besucher im wahrsten Sinne des Wortes eine Stimme und beteiligt ihn am Geschehen. Er selbst dichtet einige. Dazu gehört auch »Ein feste Burg ist unser Gott«. Er verwendet dafür den 46. Psalm als Grundlage. Bald wird es nicht nur in den Kirchen, sondern auch auf den Straßen gesungen.

Auch das Schulwesen verändert Martin: In jedem Ort, und sei es ein noch so kleines Dorf, soll unterrichtet werden, damit jeder, egal ob Mann oder Frau, die Bibel selbst lesen und verstehen kann. Niemand soll mehr bei der Auslegung der Heiligen Schrift auf andere angewiesen sein. Denn jeder muss für seinen Glauben selbst einstehen.

Trotzdem erheben sich wenig später Stimmen gegen ihn – am lautesten schreit Thomas Münzer im Südharz, wenige Kilometer von der thüringischen Landesgrenze entfernt. Bis vor Kurzem ist er ein großer Anhänger und Verehrer Luthers gewesen. Beide haben miteinander gearbeitet. Doch jetzt wendet er sich scharf gegen seinen einstigen Lehrer und wirft ihm vor, er bete einen stummen Gott an, der nicht zur Seele und in die Herzen der Menschen spreche, sondern durch die toten Worte eines Buches. Münzer hält nicht nur die Bibel, sondern auch das Abendmahl und die Taufe für unwichtig und äußerlich. Er vertritt einen Glauben, der vor allem vom Heiligen Geist und seinem Wirken geprägt ist. Er hält die Ehe von Priestern für problematisch und hat ein großes soziales Interesse. Martins Forderungen gehen ihm nicht weit genug. Deshalb engagiert er sich politisch und unterstützt die Bauern, die in den vergangenen Jahrzehnten mehr und mehr verarmten.

Steuern, Zinsen und Abgaben, die sie an den Adel und die Fürsten, zahlen müssen, erdrücken die Landbevölkerung. Sollten sie zahlungsunfähig sein, weil Unwetter ihre Ernte vernichten, droht ihnen die vollständige Abhängigkeit von ihrem Landesherrn. Einen erheblichen Teil ihrer Einkünfte müssen sie an die Kirche entrichten. Deshalb stößt die Kritik, die die reformatorische Bewegung an der Papstkirche übt, bei ihnen auf fruchtbaren Boden. Die evangelische Freiheit, von der Luther spricht, wollen sie nun auch für sich beanspruchen. Mit *Zwölf Artikeln,* Pamphleten und Reden machen sie auf ihre Lage aufmerksam und fordern ihre Rechte ein. Als eine Art Schiedsrichter und Fürsprecher sehen sie die Reformatoren. Die Bauern sind sich sicher, dass sich Gott jetzt seines unterdrückten Volkes annimmt.

Erst wollen sie den Konflikt friedlich bewältigen, doch dann attackieren die ersten Bauern Schlösser und Burgen. Im ganzen Land brechen Kämpfe los, vor allem im Süden – erst im Schwarzwald und Oberschwaben, dann auch in Franken. Im Frühjahr 1525 erreichen die Unruhen Erfurt und Salzungen. Als sich vor den Toren Frankenhausens Bauern, Handwerker und verarmte Kaufleute zusammenrotten, versichert Münzer ihnen siegessicher: »Gott wird euch vor den Kugeln eurer Feinde retten.«

Dann ziehen sie gegen die Streitkräfte der Fürsten von Hessen, Braunschweig und Sachsen in die Schlacht. Die Gewehre der fürstlichen Armee feuern in die Reihen der Bauern. Die Aufständischen sind so schlecht gewappnet, dass sie dem Kugelhagel kaum etwas entgegenzusetzen haben. Panisch fliehen sie in die Stadt. Doch dort werden sie erbarmungslos niedergemetzelt. Die Truppen der Landesherren nehmen Thomas Münzer gefangen und bringen ihn auf die Festung Heldrungen. Dort foltern und enthaupten sie ihn.

Als Martin von diesen Ereignissen erfährt, ist er entsetzt. Sicher sind die Forderungen der Bauern nach Gerechtigkeit und besseren Lebensumständen berechtigt. Er ermahnt auch die Adligen, etwas an deren Situation zu verändern. Doch Gewalt und Blutvergießen sind das falsche Mittel, wenn es um die Sache des Evangeliums geht: »Wer das Schwert nimmt, der wird durch das Schwert umkommen.«

Die Waffen der Christen sind das Gebet und das Wort Gottes. Genauso wie um die Bauern sorgt sich Luther um den Fortgang seiner Reformen. Sicher würden auch sie Schaden nehmen, wenn sie zu sehr mit den Aufständischen in Verbindung gebracht werden. Erst im Frühherbst 1525 kann der Konflikt beigelegt werden. Die Bauern haben allerdings vergleichsweise wenig erreicht.

Mitten in den Unruhen macht die Nachricht in Wittenberg die Runde, dass Friedrich der Weise gestorben sei. Martin ist schockiert. Denn beide verbindet viel, obwohl sie sich nie persönlich begegnet sind, und Georg Spalatin den Kontakt zwischen ihnen gepflegt hat. Dem Kurfürsten, vor allem seiner Weisheit und seinem Verhandlungsgeschick, hat Luther viel zu verdanken. Ohne ihn wäre die reformatorische Bewegung nie so weit gekommen und ihr erster Mann lange tot. Trotzdem hat Friedrich nicht alle Schritte seines Doktors der Theologie befürwortet und ist sein Leben lang der katholischen Kirche seiner Zeit treu geblieben. Erst auf seinem Sterbebett lässt er sich das Abendmahl mit Brot und Wein reichen. Jeder, der das hört, weiß, dass er sich damit zum evangelischen Glauben bekennt. Sein Nachfolger wird sein Bruder Johann, der ebenfalls in Martins Sinne handelt.

Ein ehemaliger Mönch heiratet eine geflohene Nonne

Lucas Cranach, Georg Spalatin und Martin sitzen um den großen runden Tisch in der Stube des Malers. Er hat heute ein Gemälde fertig gestellt und deshalb seine Freunde eingeladen. Kerzen erhellen den Raum. Sie unterhalten sich angeregt. Lucas Cranach ruft: »Martin, es ist für mich immer noch ungewohnt, dich ohne deine Mönchskutte zu sehen.«

»Am Anfang war es merkwürdig. Mittlerweile ist es normal und angenehm. Es ist ja nicht nur die Kutte. Das Leben ohne Zwang, Gelübde und klösterliche Pflichten ist so befreiend«, erwidert der Angesprochene. Er hat vor einiger Zeit sein Ordensgewand abgelegt. 15 Jahre trug er es fast ohne Unterbrechung. Doch dann erkannte er, dass ein Leben im Kloster nicht notwendig ist, um nach dem Willen Gottes zu handeln. Deshalb hat er Mönche und Nonnen aufgerufen, nicht aus Pflichtgefühl in ihrem Orden zu bleiben, sondern höchstens freiwillig. Viele Klöster wurden seitdem geschlossen. Schließlich ist er selbst diesen Schritt gegangen.

Der Abend ist schon fortgeschritten. Katharina bringt einen weiteren Krug Bier und eine Schale Nüsse herein. Dabei lächelt sie freundlich und die Männer bedanken sich.

Als sie wieder gegangen ist, sagt Lucas Cranach: »Katharina ist schon fast zwei Jahre bei uns.«

Katharina von Bora lebte bis dahin im Zisterzienserkloster in Nimbschen bei Grimma. Ihr Vater hat sie dort nach dem frühen Tod ihrer Mutter untergebracht, um sie versorgt zu wissen. Katharina legte ihre Gelübde ab und fügte sich einige Jahre diesem Schicksal. Sie war froh, dass sie dort auch ihre Tante Magdalena hat. Doch dann floh sie – von anderen Nonnen angesteckt, die scharenweise ihre Klöster verlassen – zusammen mit zwölf Schwestern nach Wittenberg. Sie hofften, dort ein Auskommen zu finden. Unter ihnen ist auch eine Schwester von Johann von Staupitz. Seitdem wohnt Katharina bei der Familie Cranach und hilft Barbara im Haushalt.

»Alle anderen Nonnen sind mittlerweile verheiratet. Nur Katharina ist noch übrig geblieben«, erzählt Lucas. »Mit Hieronymus Paumgartner ist nach anfänglicher Zuneigung doch keine tiefere Beziehung entstanden. Und zu Kaspar Glatz hatte sie weder Lust noch Liebe. Dass hat sie ja oft genug betont. Er sei ein Geizhals.« Als er das ausspricht, lachen alle drei los.

Und Martin antwortet spöttisch: »Mag sie den nicht, muss sie eben noch eine Weile auf einen anderen warten. So einfach ist das. Ich habe mir große Mühe gegeben, ihr einen Mann zu suchen.«

Georg hat auf diesen Moment gewartet: »Willst du sie nicht zu deiner Frau nehmen?«

Freundlich aber bestimmt antwortet Luther: »Du wirst es nicht schaffen, mich zu verheiraten. Philipp Melanchthon versucht es auch immer wieder. Doch bisher ohne Erfolg. Die Ehe ist nichts für mich.«

Spalatin versucht, seinen Freund bei dessen Lehre zu packen: »Du ermutigst die Priester, dass sie sich trauen, und hast so viel über den Stand der Ehe geschrieben; und selbst willst du ohne Frau leben? Es ist doch logisch, dass auch du endlich heiratest. Die Kollegen erwarten das von dir!«

»Die Ehe ist eine gute Sache und sie ist notwendig. Wirklich! Aber mir steht nicht der Sinn danach.« Martin nimmt einen kräftigen Schluck Bier und erklärt warum: »Ich muss immer noch damit rechnen, dass die kaiserlichen Magistrate vor der Tür stehen und mich abholen. Was nutzt ihr denn ein Mann, der zum Ketzer gebannt ist, und vielleicht doch noch auf dem Scheiterhaufen landet? Ich kann ihr kein guter Mann sein.«

Lucas versucht, ihn anders zu überzeugen: »Sieh sie dir an. Sie ist im besten Alter; gerade 26, sehr attraktiv und …«

Langsam wird Luther ungeduldig und fällt ihm ins Wort: »Und … ein sehr energisches Weib. Sie weiß viel zu genau, was sie will. Glaube mir, sie ist nichts für mich.«

Cranach nimmt noch einmal Anlauf: »Sie gibt deutlich zu verstehen, dass sie den Doktor Martinus ehelichen will. Einen anderen nimmt sie nicht.«

Doch damit kann er nicht überzeugen. Fast trotzig entgegnet Martin: »Ja, ich weiß. Ich werde es mir überlegen. Aber nun lasst mich damit zufrieden.«

In den kommenden Wochen stellt sich Luther dann doch immer wieder vor, wie es wäre, wenn er nicht mehr allein leben würde, und jemanden hätte, der ihn versorgt. Seit einem Jahr ist sein Bett nicht gemacht und das Stroh schimmelt von seinem Schweiß. Er malt sich aus, wie es ist, wenn ihm zu den Mahlzeiten am Tisch eine Frau gegenübersäße. Lange bewegt er diesen Gedanken in seinem Herzen und bringt dieses Anliegen auch im Gebet vor Gott. Doch bis jetzt kann sich Martin damit noch nicht recht anfreunden. Erst als ihn auch seine Eltern drängen, er solle ihnen jetzt endlich Enkelkinder schenken, die den Erhalt der Familie garantieren, deutet sich eine Veränderung bei ihm an. Er spürt, dass Gott ihm Katharina an seine Seite gestellt hat. Deshalb wird er sie auch nicht wieder hergeben. Und er fühlt sich auch Hans zum Gehorsam verpflichtet – war er ihm und seiner Mutter doch über Jahre so ungehorsam gewesen. Jetzt wird er keine Zeit mehr verlieren und beginnen, sich um seine Käthe zu bemühen und sie fragen, ob sie ihn heiraten wolle. Obwohl er darin ungeübt ist, wird es für ihn sicher leicht sein.

*

Die Sonne scheint seit Tagen sehr kräftig über Wittenberg. Am späten Nachmittag des 13. Juni 1525 versammeln sich Justus Jonas, das Ehepaar Cranach und einige von Luthers engen Freunden in der ersten Etage des Augustinerklosters. Sie alle sind festlich gekleidet. Die Frauen tragen lange bunte Gewänder aus dünnem Stoff und hochgesteckte Haare. Katharinas Kleid ist am Bauch geschnürt und unterstreicht ihre schlanke Figur. Der Kragen ist in einem gedeckten Rot gehalten und steht hoch. Sie wirkt sehr elegant. Martin geht in Schwarz und hat seinen Doktorhut auf. Es ist nur eine kleine Runde – auch Philipp Melanchthon ist nicht dabei, Hans und Margarethe fehlen ebenfalls. Sie bedauern es sehr, doch sie konnten nicht so schnell anreisen.

Martin ist dieser Raum sehr vertraut, seit Jahren geht er hier ein und aus. Anders als sonst ist er heute festlich mit Margariten und Kornblumen geschmückt. Auf den

Fensterbänken stehen Vasen mit Rosen. Ihre kräftige Farbe passt gut zu Katharinas Kleid. Alle nehmen auf lederbezogenen Stühlen mit hoher Lehne Platz. Dann beginnt Johannes Bugenhagen mit der Zeremonie und traut Martin und Katharina. Der Pfarrer spricht davon, dass Gott die Ehe zwischen beiden gegeben hat und ermahnt sie, sich immer wieder daran zu erinnern. Er weist sie auch darauf hin, dass sie in Zukunft einander treu zur Seite stehen sollen. Am Ende gratuliert er ihnen von ganzem Herzen.

Nach diesem Moment hat sich Katharina gesehnt. Jetzt ist sie Frau Luther. Vor Freude küsst sie ihren Mann überschwänglich auf den Mund. Lächelnd nimmt sie die Glückwünsche der Freunde entgegen. Anschließend gehen die frisch Vermählten mit ihren Gästen nach draußen in den Garten und nehmen an der Festtafel Platz. Der Küchenmeister serviert Wildbret und Spanferkel, dazu einen der guten Frankenweine aus dem Ratskeller. Den hat der Rat der Stadt gestiftet. Zum Nachtisch reicht er saftige Kirschen, die in diesem Jahr besonders früh reif sind.

Nach dem Hochzeitsessen sitzen alle noch eine Weile gemütlich im Schein der Fackeln beieinander und plaudern angeregt. Nach dem dritten Becher Wein spricht Justus Jonas aus, was alle denken: »Du hast es ja dann doch recht eilig gehabt. Was für ein plötzlicher Sinneswandel, Martin?«

Dabei legt er seinem Freund den Arm um die Schulter und grinst.

Bevor dieser antworten kann, sagt Katharina: »Es gibt eben doch keine Bessere für ihn. Endlich hat er es erkannt.«

Dabei zwinkert sie ihren Mann liebevoll an. Barbara

Cranach empfindet diese Bemerkung als vorlaut und will sich darüber entrüsten. Doch die Männer lachen los. Und da muss auch sie schmunzeln.

Dann erklärt Luther: »Ich will nicht nur ein Lobredner auf die Familie sein und anderen helfen zu heiraten. Endlich habe ich den Mut dazu gefunden. Ich will zu dem stehen, was ich lehre.«

Er nimmt seinen Becher, prostet Justus zu und spricht weiter: »Und bestimmt kann sie mir meine trüben Gedanken vertreiben, die mir in so mancher Nacht kommen.«

Dabei zeigt er auf seine Frau. Martins Bedenken und seine Abneigung sind gewichen. Er fühlt sich für sie verantwortlich und schätzt sie. In den nächsten Monaten wird er sie sicher auch lieben lernen.

Noch vor Mitternacht gehen Katharina und ihr Ehemann nach oben in das gemeinsame Schlafzimmer. Auf dem Weg dorthin halten sich beide im Arm. Martin wirkt unerfahren und plump. Wie es Brauch ist, schlafen beide auf nur einem Kissen.

Am anderen Morgen weckt sie das Zwitschern der Vögel. Luther öffnet seine Augen und erinnert sich, was in den vergangenen Stunden geschah: »Jetzt bin ich ein Ehemann«, schießt es ihm durch den Kopf. Es ist ein sonderbares Gefühl. Und zugleich freut er sich darüber, denn die Familie ist auch eine göttliche Berufung. Von nun an wird er anderen Pflichten nachgehen. Er dreht sich zur Seite, sieht seine Käthe und denkt: »Ich muss mich erst daran gewöhnen, dass ich in Zukunft nicht mehr allein im Bett liege.« Dann küsst er seine Frau.

An diesem und den nächsten Tagen kommen viele Gratulanten. Sie überbringen Glückwünsche und Geschenke.

Die Universität schickt einen Silberpokal, die Stadt Wittenberg 20 Gulden und Kurfürst Johann lässt 100 Gulden überbringen. Auch Hans und Margarethe treffen in Wittenberg ein. Jetzt hat sich ihr innigster Wunsch erfüllt, den sie schon seit Jahren aufgegeben hatten. Hans umarmt seinen Sohn so herzlich wie lange nicht mehr. Sie akzeptieren seine Wahl. Katharina ist gebildet und stammt aus einem sächsischen Adelsgeschlecht.

Die Trauung Luthers ist schnell über die Stadtgrenzen Wittenbergs bekannt und in aller Munde. Doch seine Feinde spotten: »Die Nonne hat ihn umgarnt. Jetzt ist der große Reformator auf seine alten Tage doch noch schwach geworden.« Viele seiner erbitterten Gegner lästern: »Wenn dieser Mönch heiratet, wird nicht nur die ganze Welt, sondern auch der Teufel lachen. Und Luther macht alles zunichte, was er geschaffen hat.«

*

Das junge Paar wohnt im ehemaligen Augustinerkloster. Die Räume sind für sie nicht nur viel zu groß, sondern auch baufällig. Geschirr, Küchengeräte und andere Küchenutensilien sind kaum vorhanden. Es fehlt an Schränken und Möbeln, Tischen und Stühlen. Luthers ehemalige Mitbrüder haben mitgenommen, was sie brauchen konnten, als sie fortgegangen sind. Und auch Plünderer haben sich ordentlich ans Werk gemacht. Nach und nach richten sich beide einige Zimmer her. Erst hausen sie notdürftig, doch dann wird es immer wohnlicher. Auf der Südseite lässt Martin sogar den Garten wieder herrichten. Dort wachsen neben Kräutern und Gemüse auch Melonen und Weintrauben. Er züchtet Safran, Feigen und Bitterorangen, die es erst seit wenigen Jahren in dieser Gegend gibt. Den Samen lässt er extra aus Erfurt kommen.

Im Frühherbst ist Käthe schwanger und im folgenden Jahr wird ihr erstes Kind geboren. Als Martin am Nachmittag des 7. Juni seinen Sohn zum ersten Mal im Arm hält, ist er überwältigt, denn diese Erfahrung war in seinem Leben nicht vorgesehen. Er sieht ihn von oben bis unten an, küsst ihn liebevoll auf die Wange und bemerkt voller Freude: »Ich bin Vater. Käthe hat mir einen gesunden Jungen geschenkt. Ich danke Gott.« Und er wünscht jedem das Glück, das er selbst gerade empfindet. Er nennt ihn Hans – nach dem Großvater.

Martin ist ganz verrückt nach seinem Erstgeborenen. In den ersten Tagen nach der Geburt ist er in jeder freien Minute bei ihm, beobachtet, wie er strampelt, schreit und trinkt. Bevor er sich in die Kammer legt, setzt er sich oft an das Bettchen seines Sohnes und sieht ihm beim Schlafen zu. Als Hans schon alleine laufen kann und zum ersten Mal in die Studierstube seines Vaters tapst, unterbricht Luther seine Arbeit, obwohl er gerade sehr beschäftigt ist. Er ist fasziniert von den ersten Schritten seines Kindes, lauscht seinem Geplapper und erzählt ihm, was ihn selbst gerade am meisten beschäftigt, obwohl er weiß, dass Hans ihn noch nicht verstehen kann. In Momenten wie diesen tankt Martin auf. Sie sind die Quelle für sein Leben geworden. Im Jahr darauf, kurz vor Weihnachten kommt Elisabeth zur Welt, zwei Jahre später Magdalena, die alle Lenchen nennen. Als Hans die Schule besucht, wird Martin geboren; dann Paul und Margarethe.

Mit der Familie leben inzwischen noch sechs Nichten und Neffen, die plötzlich verwaist sind. Auch Tante Magdalena wohnt bei ihnen, die ebenfalls aus Nimbschen geflohen ist. Zusätzlich können bis zu 20 Studenten bei ihnen Unterkunft finden, die von Martin unterrichtet werden. Sie nehmen auch Reisende und Flüchtlinge auf. Und dieses Quartier ist wegen seines berühmten Hausherrn mittlerweile sehr begehrt. Die Zimmer sind meist alle belegt.

Die Arbeit im Haus ist enorm und Kräfte zehrend. Katharina muss sich allein darum kümmern. Ihr Mann hat dazu weder die nötige Zeit, noch das entsprechende Geschick. Am Morgen gibt sie den Knechten Anweisung für die Bewirtschaftung der Äcker und Felder. Heute soll das erste Getreide geerntet und gedroschen werden. Auch das Heu muss endlich eingebracht und der Reifegrad des Hopfens geprüft werden. Dann bespricht sie sich mit dem Stalljungen. Sie vereinbart drei Hennen zu schlachten und die Kälber mit Kleie zuzufüttern. Sie erzählt ihm, dass sie jetzt auch Ziegen halten darf und gleich im nächsten Frühjahr mit der Zucht beginnen will. Der Kurfürst hat endlich die Genehmigung dafür erteilt.

Auf dem Weg über den Hof begegnet ihr Richard. Er ist der jüngste Bursche und erst seit dem Frühjahr da. Als sich ihre Blicke kreuzen, senkt er seinen Kopf; am liebsten würde er weglaufen. Doch bevor er etwas sagen kann, fährt sie ihn harsch an: »Seit zwei Tagen ist das Holz in der Küche knapp. Soll Dorothea die Suppe kalt kochen?«

Richard ist verschüchtert und antwortet kleinlaut: »Es tut mir leid.«

Katharina tut so, als habe sie die Entschuldigung nicht gehört und erwidert: »Du wirst dich sofort darum kümmern. Und lege den Vorrat nicht wieder so klein an, wie beim letzten Mal.«

Dann lächelt sie versöhnlich und eilt in die Küche. Schon an der Tür riecht sie das frisch gebackene Brot und das Wasser läuft ihr im Mund zusammen. Erst jetzt fällt ihr auf, wie hungrig sie ist. Sie schneidet einen Kanten ab, bestreicht ihn mit Butter und frischem Blütenhonig und beißt genüsslich hinein. Dann erst geht sie mit Dorothea die Versorgung durch. Heute bereitet die Köchin Hecht und Forelle zu, die Kurfürst Johann aus seiner Zucht bringen ließ. Mit diesen und anderen Geschenken macht Johann seine Verbundenheit mit Martin deutlich und entlohnt ihn zusätzlich zu seinem festen Honorar.

Am Nachmittag kümmert sich Katharina um Hans und spielt mit Paul und Margarethe. Sie versucht so viel wie möglich Zeit mit den Kindern zu verbringen. Doch das gelingt ihr nicht immer. Dann betreut sie die Bauarbeiten. Darauf liegt im Moment ihr größtes Augenmerk. Sie lässt gerade weitere Dachkammern herrichten, um für noch mehr Gäste gerüstet zu sein. Gerade stellen die Arbeiter Bretter und Bohlen für die Zwischenwände auf. Sie kontrolliert, ob die Maße eingehalten werden, und bespricht mit ihnen die nächsten Schritte. Die Arbeiten im ersten Obergeschoss sind schon abgeschlossen; die große Wohnstube, fünf beheizbare Räume und zwei Kammern eingerichtet. Auch zwei Keller und ein Weinkeller unter dem Brauhaus sind fertig gestellt.

Am frühen Abend versammeln sich alle im Speisesaal im Erdgeschoss. Die lange Tafel ist mit einem großen Leinentuch bedeckt. Martin sitzt mit Käthe am Tischende. Beide sehen sich heute zum ersten Mal – so sehr sind sie beschäftigt. Zwei Mägde bringen einige Schüsseln und Pfannen mit dem dampfenden Essen. Katharina ist so erschöpft, dass sie gar keinen Hunger mehr verspürt, sondern am liebsten gleich einschlafen möchte. Der Stalljunge und Richard greifen beim Fisch ordentlich zu. Doch die Kinder stochern in ihren Schüsseln und spielen mit den Gräten. Während des Essens kommt eine angeregte Unterhaltung in Gang.

Joachim, einer von Luthers älteren Studenten, fragt ihn: »Ist es wahr, dass ihr über das Predigen sagt: ›Tritt fest auf. Tu's Maul auf. Hör bald auf‹?« Einige lächeln.

»Jawohl, du hast Recht. Die Predigt ist wichtig. Wenn du auf die Kanzel gehst, musst du so gut vorbereitet sein, dass du die Auslegung des Wortes Gottes auf den Punkt bringen kannst«, antwortet Martin.

»Aber die Bibel ist so vielfältig, dass man gut und gerne stundenlang über eine Stelle sprechen kann«, erwidert Joachim.

Luther entgegnet: »Dann teile deine Worte auf mehrere Sonntage auf. Die Leute hören dir dann viel besser zu.«

Katharina missfällt das, weil sie der Meinung ist, dass über dem Reden nicht das Essen vergessen werden darf. Insgeheim sehnt sie sich jedoch nach einigen Minuten Ruhe. Diese ist selten geworden. Nach dem Essen muss sie noch die Ausgaben für Lehm und Holz, Mörtel und Dachziegel in die Listen eintragen. Außerdem wird sie die Einnahmen aus den Übernachtungen und durch die Verkäufe der Lebensmittel prüfen. Seit Kurzem kann sie nicht nur den eigenen Bedarf decken, sondern sogar Geld erwirtschaften. Das macht sie nicht nur stolz – es ist auch notwendig. Denn Martin hat seit Langem beschlossen, für seine Predigten und Schriften kein Geld zu nehmen. Und seine Arbeit an der Universität bringt nicht genügend ein, um alle ausreichend zu versorgen.

Immer wenn sie ihn darauf anspricht, antwortet er: »Meine geliebte Käthe, mein größter Reichtum bist du und die Kinder! Ich brauche nicht mehr und nicht weniger.«

Sie fühlt sich geschmeichelt und ihre Arbeit gewürdigt. Zugleich ist sie aufgebracht, weil Martin ihre Sorge nicht wirklich teilt.

Deshalb gibt sie mürrisch zurück: »Du bist viel zu großzügig.«

Das sagt sie, weil ihr Mann regelmäßig Geschenke ablehnt, die ihm Bekannte und nahe stehende Menschen zukommen lassen wollen. Gleichzeitig tritt er für Freunde als Bürge ein und verschuldet sich auf diese Weise manchmal. Katharina muss sich wohl mit dieser Situation abfinden, ob sie will oder nicht.

Lächelnd erklärt er: »Willst du lieber zurück ins Kloster gehen? Dann bist du alle Sorgen wieder los.«

Mit dieser Frage kann er sie erheitern. Denn beide wissen, dass sie nicht ernst gemeint ist.

*

An mehreren Abenden in der Woche trifft sich Martin mit einigen Gästen in der Wohnstube. Der Raum ist mit Holz getäfelt und reichlich verziert. Am Fenster steht ein massiver Tisch, an dem heute auch Philipp, Justus, Georg und

Johannes Bugenhagen sitzen. Katharina ist als einzige Frau in dieser Runde zugelassen. Doch sie nimmt nicht immer teil.

Momentan beherrscht ein Thema die Runde, das schon seit Wochen in aller Munde ist: die Frage nach dem Verständnis des Abendmahls. Im Marburger Schloss hat dazu ein bedeutendes Gespräch stattgefunden. Der Graf von Hessen hatte die Wittenberger und die Schweizer Reformatoren mit Ulrich Zwingli an ihrer Spitze dazu eingeladen.

»Es ist ein großer Streitpunkt, wie man das Abendmahl verstehen soll«, stöhnt Johannes.

»Du hast Recht. Es hat in Marburg ja auch keine Einigung gegeben. Gegen die katholische Kirche haben wir unseren Standpunkt schon deutlich machen können. Aber Ulrich Zwingli hat eine ganz andere Vorstellung als wir«, antwortet Justus.

»Er beruft sich auf den Vers im Johannesevangelium, in dem es heißt: ›Der Geist ist es, der lebendig macht.‹ Deshalb behauptet er, der Mensch lebt von geistiger Nahrung«, erklärt Philipp.

Und Georg fährt fort: »Er meint auch, Jesus Christus sitze zur Rechten Gottes und könne deshalb nicht in Brot und Wein auf der Erde anwesend sein.«

»Das ist falsch«, entfährt es Martin. »›Das *ist* mein Leib‹, sagt Christus, als er seinen Jüngern das letzte Mal das Abendmahl reicht. So steht es in der Heiligen Schrift. Deshalb ist er für uns in Brot und Wein gegenwärtig.«

Nicht nur in dieser Frage, auch in anderen Punkten weichen Zwingli und seine Anhänger von Luthers Lehre entscheidend ab. Er führt eine viel schlichtere Liturgie des

Gottesdienstes ein – ohne Choräle und Musik. Und er gibt der Predigt ein noch viel größeres Gewicht.

Noch bis spät in die Nacht sitzen sie beieinander. Währenddessen liegt Tölpel, ein ausgewachsener Spitz, unter dem großen Kachelofen und schläft.

Aus tiefster Not schrei ich zu dir – Trauer im ganzen Land

Völlig überfüllt ist die Andreaskirche in Eisleben. Unmittelbar nach dem Ende des Gottesdienstes formiert sich ein gewaltiger Trauerzug und setzt sich um die Mittagszeit langsam in Richtung Wittenberg in Bewegung. Hinter dem Pferdegespann mit dem Sarg fahren die Wagen Albrechts und Gebhards von Mansfeld sowie von Fürst Wolfgang von Anhalt. Ihnen folgen Honoratioren der Stadt. In einer Kutsche fast am Ende sitzen Justus Jonas, Michael Caelius und Martins Söhne, die wie versteinert wirken. Einerseits sind sie beeindruckt von der Anteilnahme, die ihnen entgegengebracht wird. Andererseits bewegt sie der Verlust ihres Vaters, dessen Ausmaß sie bis jetzt noch nicht begreifen können. Sie trösten sich gegenseitig, immer wenn ihnen die vielen offenen Fragen durch den Kopf schießen. Hans fragt sich: »Wie soll es weitergehen? Wie geht es ihrer Mutter und ihrer Schwester Margarethe?«

Alle Glocken der Stadt läuten und begleiten den Trauerzug auf klingende Weise bis weit über die Grenze Eislebens hinaus. Als er gegen Abend in Halle eintrifft, kommen ihm viele Menschen und Wagen entgegen: der Rat zu Halle, einige Schulmeister und angesehene Bürger. Dazu einfache Männer und Frauen, sodass der endlos scheinende Zug immer wieder anhalten muss und nur langsam vorankommt. In der Kirche *Unserer lieben Frau* angekommen, singen die Anwesenden unter Tränen Lieder. Als die fünf Strophen von »Aus tiefster Not schrei ich zu dir, Herr Gott, erhör' mein Rufen« gesungen werden, ist das Schluchzen besonders laut. Hatte nicht Martin den Psalm 130 für dieses Lied umformuliert und vertont? Nach der Trauerandacht wird der Sarg in die Sakristei gebracht. Etliche Bürger halten die nächtliche Totenwache, bis der Zug gegen sechs Uhr morgens wieder aufbricht. In Bitterfeld an der Grenze zu Kursachsen wird er vom gesamten Adel des Kurfürsten Johann Friedrich in Empfang genommen, der ihm die letzte Ehre erweist. Das Trauergeleit wird jetzt von 65 Reitern angeführt.

Am Elstertor in Wittenberg steht Katharina mit versteinerter Miene. Sie wirkt nach außen gefasst, ringt jedoch mit ihren Gefühlen. Der von vier Pferden gezogene Wagen mit Martins Sarg kommt unmittelbar neben ihr zum Stehen. Sie geht einige Schritte auf ihn zu und versucht ihn zu berühren, kann das schwarze Tuch, auf das ein großes weißes Kreuz gestickt ist, jedoch nur am äußeren Rand fassen. Langsam streicht sie mit beiden Händen über den Stoff, so als ob sie mit ihrem Mann auf diese Weise eine zärtliche Geste austauschen will, wie sie es so oft zu seinen Lebzeiten getan haben. Dann erst beginnt sie zu weinen.

Mit Tränen erstickter Stimme sagt sie, so dass es kaum einer der Umstehenden hören kann: »Mein geliebter Martin, ich konnte nicht bei dir sein in der Stunde deines Todes, wie ich es mir gewünscht habe. Es ist doch zu schnell gegangen …«

Sie kann nicht weiter sprechen, sondern steht einige Momente nur da, bis ihre Söhne aus einem der hinteren Wagen gelaufen kommen und sie so aus ihrer Trauer reißen. Wortlos fallen sie sich in die Arme. Seine Schwester Margarethe umarmt Paul besonders innig, sie hat die ganze Zeit apathisch neben ihrer Mutter gestanden. Gemeinsam fahren sie direkt hinter dem Sargwagen bis zur Schlosskirche.

Unzählige Menschen empfangen sie dort vor dem Portal. Acht Magister tragen den Zinnsarg unter lauttönendem Glockengeläut und bewegender Orgelmusik durch die Kirchentür, den langen Mittelgang entlang, vorbei an den überfüllten Bänken, auf denen viele Wittenberger schon seit Stunden ausharren. Vor den Altarstufen stellen sie ihn nieder. Katharina und ihre Kinder sitzen im Chorgestühl auf der Kanzelseite. Die anwesenden Trauergäste – in der ersten Bankreihe den Rektor der Wittenberger Universität und den Kanzler sowie bedeutende Professoren verschiedener Fachrichtungen, mit denen sich Martin regelmäßig austauschte –, nimmt sie kaum wahr. Auch die vielen Studenten, die sie bis vor wenigen Wochen mit versorgt hat, sieht sie nicht.

Während Johannes Bugenhagen die Trauerpredigt hält und über die Auferstehung Jesu spricht, schweifen Katharinas Gedanken ab: »Einflussreiche Männer sind gekommen – die sächsischen Grafen und die Beauftragten des Kurfürsten sitzen mir gegenüber auf der anderen Seite des Chorgestühls. Sie schätzen dich, Martin, weil du Kirche und Papsttum aufgerüttelt und sogar dem Kaiser Paroli geboten hast. Die Gelehrten und Geistlichen würdigen dich, weil du mit der Übersetzung der Bibel und der Reform des Gottesdienstes den Gläubigen Christus näher gebracht hast. So viele dich auch verehren, mindestens genau so viele verachten dich, weil du die katholische Kirche gespalten hast und damit Unheil und Zerstörung über die ganze Christenheit brachtest. Weil du radikal argumentiert hast und unbeugsam gewesen bist. Du warst im doppelten Sinn streitbar, du hast für die Menschen gestritten und bist ihnen zugleich nahe gewesen. Was auch immer du zu sagen hattest, du hast es wie eine Nachtigall gesungen.«

Das »Amen«, das die Anwesenden im Gleichklang sprechen, reißt Katharina aus ihren Gedanken. Als die Magister den Sarg ins Grab hinab lassen, geht ein lautes Seufzen durch die Kirche. Martins letzte Ruhestätte ist unmittelbar unter der Kanzel, auf der er zu Lebzeiten wortgewaltig gepredigt hat.

*

Mit Arbeit versucht Katharina sich abzulenken. Dem Schwarzen Kloster gilt jetzt trotz ihrer tiefen Trauer die ganze Aufmerksamkeit. Sie beaufsichtigt zunächst die Arbeiten in der Küche und gibt der Köchin Dorothea Anweisungen für die Zubereitung der Speisen. Danach begibt sie sich in die Brauerei, um den Braumeister darüber zu informieren, dass sie morgen eine deutlich größere Menge Bier benötigt. Darauf prüft sie im Innenhof die Zahl der vorhandenen Stellplätze für die Besucherpferde und weist den Stallburschen an, in den Stallungen weitere Kapazitäten zu schaffen. Denn sie erwartet in den nächsten Tagen noch einige Trauergäste, die der Familie Kondolenzbesuche abstatten werden. Für ihren Aufenthalt will sie gut vorbereitet sein.

Erst am späten Abend gönnt sie sich ein wenig Ruhe und schreibt einige Zeilen an ihre Schwägerin Christina von Bora: »Mein Herz ist schwer und ich bin so betrübt, dass ich weder essen noch trinken und auch nicht schlafen kann. Hätte ich ein ganzes Fürstentum, täte es mir nicht weh, es zu verlieren. Doch dass unser Herrgott mir – und nicht nur mir, sondern der ganzen Welt diesen lieben Mann genommen hat, schmerzt mich so sehr, dass ich es gar nicht ausdrücken kann. Und wenn ich daran denke, so kann ich vor Leid und Weinen nicht reden. Doch ich weiß mich in meinem Leid mit vielen Menschen verbunden, die ebenso trauern wie ich.«

Erleichtert legt sie den Griffel beiseite. Es tut gut, sich die Gefühle von der Seele zu schreiben. Trotzdem spürt sie den großen Schatten, den Martins Tod wirft: »Ich muss jetzt allein für mich, Paul, Hans, Martin und Margarethe sorgen. Auch Verwandte, Studenten und Reisende, die hin und wieder auf ihrem Weg Station in Wittenberg machen, werde ich mit durchbringen. Glücklicherweise hat mir Martin alle Ländereien, das Klostergut sowie das gesamte Barvermögen vermacht und mich als Vormund für die Kinder eingesetzt. Das ist trotz des Verlustes eine große Erleichterung für mich.«

Dieses Testament nimmt Katharina die Angst, die noch nicht mündigen Kinder könnten ihrer Obhut entzogen werden und bei Verwandten aufwachsen. Auf diese Weise ist sie auch vom Landesherren und anderen Gönnern finanziell unabhängig – zumindest jetzt. Doch die Zeiten können sich schnell ändern. Wer weiß, wie lange die Einnahmen aus der Brauerei ausreichen und ob die Ländereien auch in diesem Jahr genügend Gewinn abwerfen. Wenn im Frühjahr zu viel Regen fällt oder der Sommer zu trocken wird, kommt es gewiss zu Engpässen. Sollten wieder die

Pest oder ein Krieg wüten, wäre sie unvermeidlich auf die Zuwendungen des Kurfürsten angewiesen. Katharina kann jedoch jetzt nicht abschätzen, ob ein möglicher Nachfolger Kurfürst Johann Friedrichs ebenso gönnerhaft sein würde wie er.

»Johann Friedrich wird Martins Testament hoffentlich bald bestätigen, obwohl es einen ungewöhnlichen Inhalt hat«, hofft sie. »Normalerweise bekäme ich nur ein Viertel aus Martins Nachlass und die Morgengabe, die seit unserer Hochzeit für mich bereit liegt, und nun rechtlich in mein Eigentum übergeht.«

Katharina erhebt sich von ihrem Stuhl. Die Füße schmerzen und ihr Kopf ist schwer wie Blei. Erschöpft geht sie zu Bett. Sie braucht Ruhe, denn der morgige Tag wird ebenso anstrengend wie heute, aber hoffentlich nicht so ereignisreich.

Christoph Born

Die Lutherverschwörung

Historischer Roman

320 Seiten, Hardcover
ISBN 978-3-7655-1703-7

Wittenberg, im Frühjahr 1521. Aufmerksam beobachtet Jost, ein Söldner, die geladenen Gäste im Cranachhof. Es ist ein Abschiedsfest für Martin Luther, den Reformator, der bald nach Worms aufbricht. Kaiser Karl V. hat ihn vor den Reichstag geladen, um sich vor Kaiser und Reich zu verantworten. Wird man von ihm fordern, seine Lehre zu widerrufen? Oder ihn gar als Ketzer verurteilen?

Jost soll das Leben des Reformators schützen; Kurfürst Friedrich hat ihn zu Luthers Leibwächter ernannt. Eine heikle Aufgabe, denn Luther hat nicht nur Freunde …

BRUNNEN VERLAG GIESSEN
www.brunnen-verlag.de

Marianne Wintersteiner

Luthers Frau

Katharina von Bora
Biografischer Roman

256 Seiten, Taschenbuch
ISBN 978-3-7655-4031-8

Das verarmte sächsische Edelfräulein wächst auf dem Landsitz ihres Vaters in Lippendorf auf. Als es ihrer Familie gelingt, sie als Nonne in dem angesehenen Frauenkloster Nimbschen unterzubringen, fügt sie sich. Mit sechzehn Jahren legt sie ihr Gelübde ab.

Ihr Lebensweg erhält jedoch eine bedeutsame Wende, als sie mit den Ideen Martin Luthers vertraut wird. Der Reformator hat in Katharina eine Lebensgefährtin gefunden, die es ihm ermöglicht, seinen großen Aufgaben gerecht zu werden. Katharina wird ihrem Mann eine ebenbürtige Partnerin, die eigenständig wirtschaftet, ihren sechs Kindern eine liebevolle Mutter und ihren Wittenberger Zeitgenossen zum Vorbild einer tüchtigen Pfarrfrau.

BRUNNEN VERLAG GIESSEN
www.brunnen-verlag.de